P9-AQI-600

反攻欧陆

1944~1945年西北欧战区英国陆军总览

The British Army
in North West Europe
1944-1945

【下册】

制服、徽标与单兵装具

编著 · 冯涛

台海出版社

图书在版编目（CIP）数据

反攻欧陆：1944～1945年西北欧战区英国陆军总览：
全2册 / 冯涛编著. —— 北京：台海出版社，2016.4
　　ISBN 978-7-5168-0924-2

　　Ⅰ.①反… Ⅱ.①冯… Ⅲ.①陆军－军事史－史料－
英国－1944～1945 Ⅳ.①E561.51

中国版本图书馆CIP数据核字(2016)第058970号

反攻欧陆：1944-1945年西北欧战区英国陆军总览

编　　著：冯　涛

责任编辑：刘　峰　　　　　　　　　　策划制作：崎峻文化·左立
视觉设计：崎峻文化　　　　　　　　　责任印制：蔡　旭

出版发行：台海出版社
地　　址：北京市朝阳区劲松南路1号　　　　邮政编码：100021
电　　话：010－64041652（发行，邮购）
传　　真：010－84045799（总编室）
网　　址：www.taimeng.org.cn/thcbs/default.htm
E－mail：thcbs@126.com

经　　销：全国各地新华书店
印　　刷：重庆共创印务有限公司
本书如有破损、缺页、装订错误，请与本社联系调换

开　　本：787mm×1092mm　　　　　　1/16
字　　数：550千　　　　　　　　　　印　　张：44.5
版　　次：2016年5月第1版　　　　　　印　　次：2016年5月第1次印刷
书　　号：ISBN 978-7-5168-0924-2

定　　价：179.80元（全两册）

版权所有　翻印必究

CONTENS 目录

前　言

　　1939 年以前，英国陆军是一支全部由志愿兵组成的训练有素的机械化小规模职业军队，在规模上远低于战争初期的敌军。因在战前的消极备战态度，英国陆军在二战初期在几乎所有战线上遭到了严重损失。最具标志性的事件，就是 1940 年夏英国远征军被逐出了欧洲大陆，败退回到英国。由此英国陆军也认识到了其在组织结构、武器装备和兵力上已经无法维持一场现代化战争。随后，英国开始实施大规模征兵计划，英国陆军的规模得到大幅度扩充，开始组建大编制的集团军和集团军群。从 1943 年起，在规模和装备上得到质的飞跃的英国陆军，再也没有遭受战略性失败（英军在1944 年 9 月在阿纳姆所遭遇的挫折只是一次战术性失败）。

　　经历了初期的一系列失败之后，英国陆军与其他同盟国军队最终占得了二战的上风。先是在北非赢得胜利，然后登陆西西里和意大利本土，击败了第一个法西斯敌人——意大利。

　　1944 年夏，以第 21 集团军群为主要兵力的英国陆军又与盟军重返法国，一路高歌猛进，先后解放西北欧诸国，将德军逐回德国本土。在远东战场，英军也马不停蹄地将日军从印度边境地区驱逐至缅甸东部。最终，德国和日本于 1945 年 5 月和 8 月先后投降。

　　第二次世界大战事实上促成了英国陆军的转型。英国陆军在二战中开始组建大编制野战部队，集团军和集团军群的建立让战区指挥体系更加高效，而这些集团军和集团军群麾下的兵种体系也更加丰富，除传统的兵种和勤务部队外，其麾下亦包括一些诞生于二战的新型部队，如特别空勤团、陆军突击队和伞兵部队。

　　本书以西北欧战区的英国陆军最大编制单位——英国第 21 集团军群为对象，全面介绍了西北欧战区英国陆军的指挥体系、编制划分、兵种和勤务部队类别、武器装备和车辆识别标志，还涵盖了制服装备、徽标、单兵装备以及大量的相关历史照片，足以让读者用以小见大的形式全面了解二战时期的英国陆军。

冯涛

2015 年 12 月

制 服

作战服

二十世纪三十年代初，英国陆军部便开始着手采用新式制服代替常服（Service Dress）。此前自二十世纪初，英国陆军的常服一直为英军的野战与日常制服，显然已经难以满足现代军队的需要。在对一些新式作战服进行了小批量数年测试装备之后，英军最终在二战爆发前设计出了一款线条流畅的羊毛哔叽面料（Wool seage）短夹克和一款高腰羊毛哔叽面料裤子，这便是所谓的"哔叽面料作战服"（Batteldress Serge），即通常意义上的1937型作战服（Batteldress Pattern 1937）。哔叽面料为用精梳毛纱织制的一种素色斜纹毛织物。呢面光洁平整，纹路清晰，质地较厚而软，紧密适中，悬垂性好，适用于制作学生服、军服和男女套装。

1937型作战服是应机械化步兵的要求设计的，借鉴了同时代的"滑雪服"的设计灵感。相比常服，这款作战服用料较少，身着舒适，即使受潮保暖性仍很好，且方便士兵运动。

这款作战服上衣袖子被设计为弧形，以便士兵在俯卧端枪或坐着手握方向盘时候感觉更加舒适，尽管这让士兵双手方直立正时显得袖子肘部会出现多道褶皱。这套作战服上衣采用暗门襟设计，扣子全部为暗扣，裤子左膝上部带有一个大地图袋（Map Pocket），右侧大腿正面则有一个用于放置急救包（field dressing）的小袋。

英军作战服为绿色和褐色羊毛混织面料，

■ 1939年，一群新动员的英军士兵身着刚刚领到的1937型作战服在兵营前合影。

非常符合英国常见的石南树丛和森林地貌的伪装要求。由于上衣与裤子使用扣子相连，因此当士兵进行大幅度运动时或扣子绷脱时，上衣与裤子难免会分离；为此，英军又向部队发放了裤子吊带。

每名英国陆军成员都会分到两套短上衣和裤子，一套用于训练和战斗，另一套被称为"优质作战服"（Best Battledress），用于出席军事庆典和外出。一些部队和个人，比如伞兵、摩托车手、装甲车乘员等，分发到了用于执行特别任务的特种制服，但执行其他作战任务时仍需身着作战服。

1939年，英国陆军开始全面向部队发放1937型作战服。但是，由于产量问题，当英国远征军前往法国作战时，仍有部分部队仍穿着常服与德军交战。为此，出于经济和易于生产考虑，英军又于1940年推出了1940型作战服（Batteldress Pattern 1940），又称为"经济型"或"朴素型"作战服。这款作战服为衣领增加了衬里，取消了暗门襟，门襟扣和口袋扣全部为明扣，上衣口袋取消了褶位，也取消了袖口的风琴褶。早期的1940型作战服拥有两个内袋，后仅在内面左侧保留一个内袋。这款作战服采用了塑料纽扣，放弃了1937型的黄铜碟形扣。裤子急救包口袋则增加了一道褶位并将扣子改为明扣，将扣子与上衣扣统一为棕色或绿色塑料扣。

美国颁布《租借法案》后，开始为英国生产各类武器装备物资，而作战服也在其中。美国为英国陆军生产的作战服被命名为"战争援助"款野战服（Battle Dress War Aid），自1943年开始广泛装备于英军地中海战区部队。这款野战服的口袋采用明扣，但没有褶位，重新采用了暗门襟设计，袖口为明扣，内面有两个内袋；领口则有一个双钩小领钩。美国生产的作战服裁剪优良，羊毛混织面料也要优于英国产作战服。

英国伞兵和滑翔机部队在战争中发放的作战服裤子被称为"伞兵裤"（Trouser Parachutist），但诺曼底登陆战争期间，英军伞兵和滑翔机部队成员大多身着标准版作战服。英军"伞兵裤"臀位有两个急救包口袋，左膝上方有一个缝了羚羊皮衬里的大地图口袋，右膝上方侧面则有一个嵌入式匕首袋。"伞兵裤"只能在"战斗"场合身着，不能用于阅兵或外出。

二战期间，除英国陆军外，皇家海军和皇家空军也都装备作战服，只是在颜色上不同于陆军。英联邦国家军队也根据英国陆军作战服仿制装备了作战服。美军则仿制了一款"艾森豪威尔"夹克（Eisenhower jacket）。英军作战服修身得体的设计，也受到了德军的青睐。1940年，英军被赶出欧洲大陆，给德军留下了大量制服装备库存物资。德军潜艇部队成员甚至直接在英军作战服上缝上一块德军标志，将其作为潜艇部队作战服。后来，德军甚至参考英军设计出了自己的短夹克式野战服——M44型野战服（Feldbluse 44）。

着装要求

根据一份1937年的规定，作战服为各兵种和勤务部队官兵用于野外作战的标准制服。士兵必须扣好上衣第一颗扣子，并用双钩领扣扣好衣领。官兵必须使用绑腿收紧裤脚与短靴。与其他个人装备一样，军官必须自掏腰包购买制服。根据规定，军官身着野战服时需敞开衣领，还要配上衬衫和领带。

军官可以身着如下3种野战服：

1. 士兵款制式野战服；

2. 经裁缝修改过衣领并熨烫过的士兵款制式野战服（这样看起来更美观一些）；

3. 裁缝量体裁衣制作的作战服，但须确保选择的面料质地与标准制式野战服一致。

1937型作战服

上衣：
暗门襟；
除了肩带扣外，都采用暗扣；
胸袋设计了褶位；
拥有两个内袋；
腰部内面有根棉带，上有三个扣眼，可以把上衣和裤子连接在一起；
腰带配镀镍腰襻扣。

裤子：
口袋使用暗扣；
裤腰有3颗外置扣，可将衣服和裤子连在一起；
腿脚处设计了用于收紧裤脚的踝带；
扣子为炮铜色或黄铜色金属扣。

1940型作战服

上衣：
明门襟；
扣子都为明扣；
初期款有两个内袋，后仅保留左侧内袋；
腰部内面扣眼由原来的三个变为两个；
腰带的腰襻扣为带滑条的冲压金属腰襻扣。

裤子：
口袋都使用明扣；
取消了裤腰的裤耳（襻带）和裤脚踝带；
裤腰扣由原来的三个变为两个；
扣子为四孔塑料扣，但有些裤子仍然使用金属扣。

■ 本页及第5页图为一名英军士兵身着刚刚装备部队的1937型作战服进行展示。

■ 1937型作战服上衣

■ 1940型作战服上衣

■"战争援助"款野战服上衣采用1937型作战服的暗门襟设计,但口袋扣为明扣;拥有两个胸袋、两个内袋;棉质腰带内侧有三个扣眼,可将衣服和裤子连接在一起;腰袢扣是英国版的冲压金属扣或者美国陆军版的皮带扣。裤子口袋扣为明扣;裤腰有4个纽扣安装的裤耳,另有三个纽扣可以把上衣扎紧;裤脚处没有收紧裤脚的踝带。这款作战服纽扣为塑料纽扣,采用美式制服的纽扣,边缘平整,直径为20毫米。

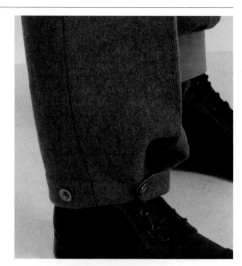

■ 上图为1937型作战服裤脚踝带特写。

■ 下图为1937型作战服裤腰及臀部特写。

■ 上图为1937型作战服裤子(左)与1940型作战服裤子对比(右)。

■ 下图为1940型作战服裤子臀部及裤腰特写。

标签和尺寸

上衣标签

白色棉质标签被缝在右侧内袋的衬里上，或者缝在只有一个左侧内袋的衬里上。英军作战服上衣标签内容举例说明：

哔叽布料作战服上衣

尺码：No.13
身高：1.8~1.83米
胸围：96.52~99.06厘米
腰围：83.82厘米~86.36厘米

生产商

约翰·哈蒙德股份有限公司（1922年）[（John HAMMOND & Co（1922）LTD）]

生产日期

1940年10月

墨水标签上会重复写上衣服的尺寸，还有战争部的收货印戳以及生产商的代码。如果上面写有缩写字母"AV"，则表明此款作战服可防化学战剂。

裤子标签

标签缝于左臀裤腰外侧，"战争援助"作战裤子的标签则缝于内面相同位置。英军作战服裤子标签内容如下：

哔叽布料作战服裤子的尺码标签

尺码：No.16
身高：2.1~2.13米
腰围：86.36~88.9厘米
臀围：101.6~104.1厘米
生产商：S.施耐德和索恩有限公司（S.SCHNEIDER & SON LTD）

生产日期

1940年6月

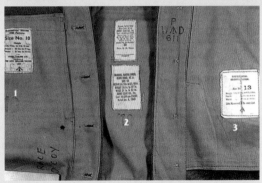

■ 上图为上衣标签
1.1940型作战服标签；
2."战争援助"款作战服标签，美国制造，另一个标签为美国标准标签；
3.1937型作战服标签。

■ 下图为裤子标签：
1.1937型作战服裤子标签；
2.1940型作战服裤子标签；
3.美国制造的"战争援助"作战裤子标签。

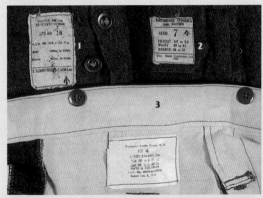

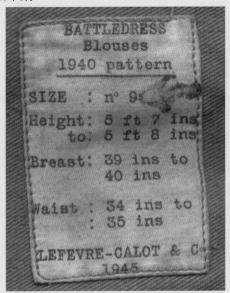

■ 上图为英国陆军作战服裤子标签实物。

■ 左图为1940型作战服上衣标签实物。

■ 上图为1944年6月在诺曼底某地，英国第8军的两名参谋军官在查看一件缴获的德国党卫军第1"警卫旗队"装甲师下士野战服。右边为一名皇家炮兵上尉，他穿着1940型作战服上衣，但更换了更加华丽的饰扣或者具有部队特色的纽扣。左侧这名参谋则身着一件皇家伯克郡团的军官版1937型作战服。

■ 右图为一套精美的英军皇家炮兵部队军官1937型作战服。

两件套丁尼布工装

1939年3月，英军开始采用这种"两件套丁尼布工装"（Two Piece Denim Overalls），让官兵在训练或冬季作战中套在作战服外面。当然，部队在一些行动场合也可以直接单穿，如作为夏季作战服。

相比羊毛作战服，士兵穿着丁尼布工装的时间更长也更加频繁，因此需要时常清洗。为了便于清洗，丁尼布工装上的塑料纽扣得益于使用金属开口销固定在制服上，从而可以轻松拆装。英军不允许在工装上永久性佩戴徽标，军衔标志则可以使用一根袖标佩戴在这套制服上。除已经装备丁尼布坦克套装的皇家装甲部队成员外，每名士兵都会得到两套工装。另外，宗教教职人员和非战斗部队也不会发放丁尼布工装。

英军丁尼布工装最初使用棕色丁尼布面料。但是，随着战争继续进行，英军逐渐采用更绿色的丁尼布制作工装。

1940年5月，英国成立了"地方防卫志愿者部队"（Local Defence Volunteers），即后来的"本土卫队"（Home Guard），成员大多为上了岁数的人。英军最初向这支拥有150万人的"老爹陆军"（Dad's Army）发放了90000套丁尼布工装作为其主要制服。三个月后，由于丁尼布工装库存耗尽，英军不得不向本土卫队发放羊毛作战服，并最终在12月份发布公告，要求在供应充足的前提下用作战服取代本土卫队工装。

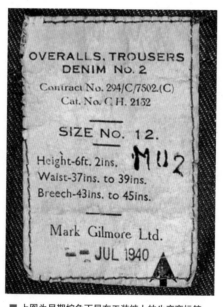

■ 上图为早期棕色丁尼布工装裤上的生产商标签。

■ 左图为棕色丁尼布工装上衣展示。上衣风格结合了1937型和1940型作战服的设计，扣子为1937型明扣设计，门襟则是1940型的明门襟，这款上衣在左侧有个内袋。裤子则采用了1940型作战服裤子款式，但没有臀袋。

■ 右图为灰绿色丁尼布工装上衣展示。上衣和裤子延续了的1940型作战服风格，裤子没有后袋。1945年2月后，英军在这款丁尼布裤子的两个侧袋旁边设计了开口，士兵将工装裤穿在作战服外面时，手可以经此开口进入作战服裤子口袋。

■ 丁尼布工装上衣正面。

■ 丁尼布工装上衣内面。

■ 1944年7月诺曼底前线，一名身着丁尼布工装的工兵（右）与战友查看一具缴获的德军"坦克噩梦"火箭筒。其裤子左臀部上白色棉质标签印有衣服名称、尺寸、生产商名称及生产日期，上衣的左胸袋内面也有类似的标签。

■ 本页及第14页图为英军开始装备两件套丁尼布工装作战服时，一名士兵身着这种制服并搭配一顶野战帽进行展示。照片中这套丁尼布工装制服与1937型作战服的裁剪款式基本一致。

■ 上图为1940年7月1日，一些参加过第一次世界大战、身着平民服装的英国老兵，佩戴着地方防卫志愿者部队袖箍，列队接受检阅。

■ 右图为地方防卫志愿者部队袖箍。

■ 下图为一些地方防卫志愿者部队士兵正在一名懂德语的士兵的指导下学习一些简单的接敌口令，如"站住"、"举起手来"、"放下手枪"和"转过身去，继续走"！

■ 上图及右图为一件搭配了地方防卫志愿者部队袖箍的英军丁尼布工装上衣（上图）和一条丁尼布工装裤子（右图）。

■ 下图是1940年夏天，一名士官正在向两名来自萨里郡的地方防卫志愿者部队成员讲解步枪知识和使用要领。这两名爷爷辈的志愿者都身着丁尼布工装，并在右袖上佩戴了地方防卫志愿者部队袖箍。

■ 上图为1944年拍摄的一张照片：本土卫队第32萨里营（32nd Surrey Battalion）展示1940年和1944年的制服：该部队的士兵在1940年只能身着平民服装，到1944年时其制服装备与英国陆军已经没有什么差别。

■ 下图为一名上了年纪的本土卫队中士在家中擦拭一支"汤姆森"冲锋枪。他在右袖上佩戴了一个本土卫队袖箍（见右侧实物）。

■ 一件精美的英军本土卫队1937型作战服。袖子上的各种臂章代表其是本土卫队第22营（伦敦城营）的一名中士。

衬衫、羊毛衫和内衣裤

■ 上图为二战英军装备的衬衫、领带和背带，分别为：

1. 士兵款法兰绒圆领衬衫；
2. 士兵款法兰绒翻领衬衫，1944年底发放，用于搭配领带和出行服；

士兵也可以在圆领衬衫上用扣子加装翻领；

3. 军官款衬衫；
4、5. 士兵领带；
6. 军官领带；

7. 裤子背带；
8. 衣刷。

■ 上图为英军衬衫分离式翻领。

衣领尺寸对照表	
英国尺寸	欧洲大陆尺寸
14.5	37
15	38
11.5	39
16	41
16.5	42
17	43
17.5	44

■ 1944年6月16日诺曼底前线，在向奥东河发起进攻前，两名英军步兵在检查武器。两人此时都身着普通士兵穿的第一版法兰绒衬衫。

■ 左图英军装备的羊毛衫和背心：

1. V 领羊毛衫；

2. 网眼背心（String vest）。这款背心为陆军所有成员都拥有的制服，为陆军寒冷天气的标准服装之一。

■ 上图为长、短毛棉内裤。

■ 上图为短袖汗衫和长袖汗衫。

■ 上图为1944年7月14日法国克勒利（Creully）附近，第2集团军司令部警卫连的一些士兵正在享用啤酒。照片中这些士兵都穿着法兰绒衬衣。

■ 下图为1944年7月27日，一些英军士兵花痴似地围绕在一名法国农场主的两个女儿身旁，认真地聆听两位少女朗诵诗词。这些士兵大多都穿着英军士兵款法兰绒衬衣。

■1944年6月诺曼底前线某地,一名刚刚执行完任务返回己方战线的英军伞兵,可以看到其在作战服里面穿了一件白色的网眼背心。

大衣

二战中，英国陆军装备了1940型"非骑乘部队"大衣（Dismounted troops patern greatcoat 1940 pattern）。这是一款带有肩带的双排扣大衣，每排各有3颗大金属纽扣。宽大的翻领下也有两颗相同的纽扣，翻领上面的黄铜挂钩可以将衣领紧紧地固定住。把衣襟下端的小钩和扣眼固定后，就能把衣襟翻起来，便于行走。大衣背后有2条腰带，由制服上的3颗小纽扣固定住。外套里面，缝在肩上的一条米色棉布或法兰绒衬里一直延伸到胸部。所有铜扣上都有皇家盾徽。在一些部队，通用版纽扣被带有所在团、兵种或勤务部队风格的纽扣取代。大衣上只能佩军衔臂章和兵种色标，但每边袖子上只能佩戴一种徽标。

■ 上图为1944年冬天西北欧前线，两名身着双排扣大衣的英军士兵在散兵坑内休息。

■ 下图为1940年英国本土，两名身着双排扣大衣的英军士兵正在一架被击落的德军Ju 88轰炸机残骸旁警戒。

■ 英军1940型双排扣大衣装扮展示。这名模特将自己打扮成了一名埃塞克斯团的士兵。

■ 英国陆军1940型双排扣大衣装扮展示。

■ 英国陆军1940型双排扣大衣

御寒防护用品

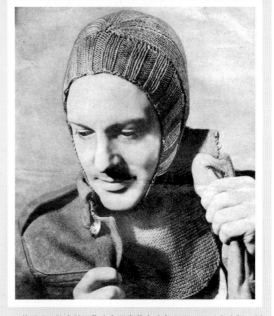

■ 上图为一些英军单兵御寒用品：

1. "巴拉克拉瓦"头套（Balaclava helmet）；

2. 羊毛套头帽（Woollen Cap Comforter）；

3. 羊毛手套；

4. 围巾。

■ 英军"巴拉克拉瓦"头套通常戴在头盔之下，可以为头部、侧脸和前后颈部御寒。

■ 一些英军突击队员在行动结束后回到己方战线休息。士兵中许多人都戴着保暖性能很好的羊毛套头帽，也有几名士兵身着羊毛衬里皮革马甲。

■ 右图是1945年3月，第5步兵师北安普敦郡团第2营的一名步兵在冷天时的装扮。在战斗中，皮革马甲往往成为士兵们御寒的首选，因为它比大衣轻。

■ 上图为英军装备的羊毛衬里皮革马甲。

■ 下图是1944年秋西北欧前线，一名身着羊毛衬里皮革马甲的英军宪兵正在搜查一名德军俘虏，旁边有一名士兵也穿了这种马甲。

■ 第3步兵师一名叫托马斯（Thomas）的列兵，他在作战服外穿着一件羊毛衬里皮革马甲。

■ 上图为1945年3月2日,第49(西赖丁)步兵师所属国王直属约克郡轻步兵团第1/4营的一支战斗巡逻队。这些士兵都在作战服外穿了一件羊毛衬里皮革马甲。

■ 下图为1945年4月11日,第15(苏格兰)步兵师所属戈登高地人团第2营的一些士兵,在向德国小城策勒进军期间在路旁休息。照片中多名士兵穿着羊毛衬里皮革马甲。

防潮垫

　　这种橡胶布除可以作为防潮的地垫外，也可以作为雨披。防潮布为英国陆军单兵野战装备的一部分，可以折叠起来置于干粮袋袋盖下方。

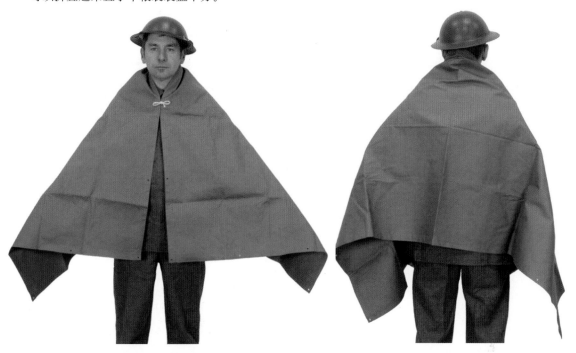

■ 上两图为英军 MK VI 型防潮布用作雨披的展示，这款长方形防潮布只需将一侧中部边缘的两个孔眼用细绳串联起来，便可作为简易雨披。

■ 下图一些英军士兵正在为 4 名近期阵亡的战友举行葬礼，照片中数人身上披着英国陆军的 Mk VII 型防潮布。

■ 相比 MK VI 型防潮布，MK VII 型（上图）在款式设计上更多地考虑了其时常被士兵用作雨披的作用，进行了特殊的不规则裁剪，不仅拥有纽扣，甚至还制作了衣领。

■ 右图为 MK VII 型防潮布用作雨披时的展示图。

■ 下图为 MK VII 型防潮布用作雨披时的领口特写。

鞋子

■ 上图为英国陆军的鞋子及附属物品和保养品：1. 短靴；2. 绑腿；3. 袜子；4. 爽足粉；5. 鞋刷；6. 橡胶底帆布鞋；7. 鞋油（在军营或外出时使用的短靴专用鞋油）；在野外，则使用不透气的防水油。

※ 短靴款式多样：无鞋钉款、部分鞋钉款和全底鞋钉版，如运输队的司机和坦克乘员的鞋子没有鞋钉。

鞋码对照表

短靴有三个尺寸，连同生产商及生产日期一起印在鞋底内部（S－小码、M－中码、L－大码）

英国尺码	欧洲大陆尺码	英国尺码	欧洲大陆尺码
6	39 1/2	9	43
7	41	10	44 1/2
8	42	11	46

※ 半码用分数表示

■ 下图是1945年4月4日，英军第1特勤旅（1st Special Service Brigade）的两名士兵在德国西部城市奥斯纳布吕克（Osnabruck）的街头废墟上与德军交战。照片右侧这名士兵端着一支美军"汤姆森"冲锋枪，脚上则穿着英军装备于突击队和执行特种任务的单位的橡胶花纹底短靴（见左图实物）。

■ 英国陆军"军火"靴（Ammunition Boots）的名称具体来由目前已无从考证，其又被称为"通用靴"（Boots, General Service 简称 BGS），为英国陆军从19世纪80年代至20世纪50年代的一款标准军靴。每名士兵都会分发到两双这种靴子，用于日常服役与作战时更换。二战期间英军所装备的"军火"靴为1927年采用的10085型（Pattern 10085）。

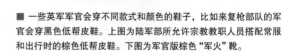

■ 一些英军军官会穿不同款式和颜色的鞋子，比如来复枪部队的军官会穿黑色低帮皮鞋。上图为陆军部所允许宗教教职人员搭配常服和出行时的棕色低帮皮鞋。下图为军官版棕色"军火"靴。

■ 上图为一名"沙漠之鼠"第7装甲师的士官正在检查士兵们的脚。作为一种普遍现象，军人在长期作战中容易得"战壕脚"这种足部疾病。因此，保障优良的军队十分关注这种现象，做到及时发现和及时治疗。照片前景处放置着一双"军火"靴。

■ 右图为一名国王直属苏格兰边民团第1营的补鞋匠正在修补一堆破损的"军火"靴。

■ 下图为国王直属苏格兰边民团第1营的一名士兵坐在汽车发动机盖上修补袜子。清晰可见穿在右脚上的"军火"靴鞋底的防滑钉。

■ 上图为皇家陆军军械部队展示的各种鞋子以及各类鞋子的保养方法。展台下方海报要求官兵照顾好自己的双脚，并保养好靴子。展台顶部中央为一双皇家工程兵部队和皇家陆军勤务部队装备的"威灵顿"长筒靴（Wellington Boots，橡胶雨靴）。

■ 英军黑色摩托车手长筒靴，另有棕色款。

■ 下图一名英军摩托车手传令兵受到了一群儿童的欢迎。这名士兵戴着一顶摩托车手头盔，身上穿着一件羊毛衬里皮革马甲，脚上则穿着一双摩托车手长筒靴。

■ 1945 年夏天，两名英军士兵正在检查摩托车手长筒靴。

■ 上图为1945年3月2日，在被洪水浸泡的荷兰小镇泽滕（Zetten），第49（西赖丁）步兵师所属约克和兰开斯特团哈勒姆郡营的一些士兵，正在从一只小船上卸下成卷的铁丝网。这些士兵都穿着"威灵顿"橡胶雨靴。

■ 左图为1944年8月13日，法国尔奈昂布赖镇（Gournay-en-Bray），一些英军士兵准备用一辆福特森15英担卡车，将两名德军俘虏押往后方，其中两名英军士兵穿着"威灵顿"橡胶雨靴。

■ 上图和下图为英军橡胶底帆布鞋。这种鞋子主要用于体育训练活动。

■ 右图和下图为为一些英军新兵在英国汉普郡城市奥尔德肖特（Aldershot）的陆军体育训练学校参加体育训练。在这两张照片中，这些新兵都穿着橡胶底帆布鞋。

■ 上图为英军长款羊毛绑腿。一些英军部队会使用羊毛绑腿代替踝套，如特别空勤团和突击队。

■ 上图为英军短款羊毛绑腿。

■ 下图几名英军骑兵在一口水井旁打水，让马匹喝水。他们都在小腿上打上了绑腿。

迷彩服

受德国伞兵部队的影响，英国陆军为空降部队设计了一款"丹尼森"罩衫（Denison smock）。另外，英军于1943年推出了一款与"丹尼森"罩衫类似的轻质丁尼布面料防风罩衫（Windprof smock），即1942型防风罩衫（1942 Pattern Smock Windproof）。其最初通常装备于步兵单位中的侦察兵和狙击手，但最常见于陆军特别空勤团、海军特别海勤团（SBS）和特工组织"特别行动处"（SOE），因而其时常又被错误地称为"特别空勤团防风罩衫"（SAS Windproof）。由于其不是为伞兵设计的，所以没有类似"丹尼森"罩衫的裆片（Croth flap），但带有下摆松紧带。英军防风罩衫与"丹尼森"罩衫最显眼的外在区别在于，前者带有一个与罩衫连体的风帽。

英军防风罩衫还搭配了一条相同面料的长裤。上衣与裤子选用的迷彩为与"丹尼森"罩衫类似的"乱涂"式永久碎片迷彩，颜色通常为深褐色（面料基本色）、淡绿色、沙黄色和淡褐色组成的四色迷彩。

■ 1945年4月在德国境内某地，第52（低地）步兵师所属卡梅伦团第7营的一些苏格兰步兵，在结束了一场战斗后分享一瓶葡萄酒。这些人都身着迷彩防风罩衫。照片中央这名举手的士兵为布伦机枪组的二号成员，他背着轻机枪备件盒和备用枪管袋。

■ 上两图为一件英国陆军四色迷彩防风罩衫原品的正面和背面。

■ 迷彩防风长裤。

■ 英国陆军四色迷彩防风罩衫。

■ 图为迷彩防风罩衫上衣标签。

■ 穿着1943迷彩防风罩衫套装的英军装扮。

■ 右图为1944年11月1日，在斯海尔德河战役期间，几名英军士兵和一名德军俘虏在瓦尔赫伦岛上，检查一名伤员的伤情。除摄影师外，照片中的英军士兵都穿着迷彩防风罩衫。

■ 下图为1945年1月18日，在第52步兵师从荷兰斯泰因（Stein）进攻德国边境小镇图德恩（Tüddern）期间，皇家苏格兰燧发枪手团第4/5营的几名士兵正在审讯一名德军俘虏。照片中这些英军士兵都穿着迷彩防风罩衫。

■ 上图为1945年3月11日，几名身着迷彩防风罩衫的第53步兵师的士兵正在检查两名德军俘虏。

■ 下图为1945年4月26日德国不莱梅港，几名德国海军高级军官戴着一些士兵离开一座大型混凝土防空掩体。照片中一名押送的英军士兵穿着迷彩防风罩衫。

■ 左图为一件搭配武装带和作战背带展示的英军雪地伪装套装上衣，但风帽和下摆的松紧带并非原版的白色棉布条。

■ 右图为身着雪地伪装套装的英军装扮。

■ 1944至1945年冬天西北欧前线，几名身着白色雪地伪装套装的英军步兵。这款棉质冬季作战服装于1944年12月开始装备于一些步兵单位。

■ 上图为1945年1月10日，第52步兵师所属格拉斯哥夫高地人团第1营的一些士兵，身着冬季伪装服，准备离开德国小镇冈格尔特（Gangelt）执行战斗侦察行动。

■ 右图为阿登战役期间，一名为身着冬季伪装服的第6空降师的狙击手。

摩托车手防护服

■ 上图为1944年6月16日，诺曼底前线。第15（苏格兰）步兵师的一名宪兵准下士在奥东河上的一处桥头指挥交通。他穿着马裤和摩托车手长筒靴。背景处的这辆汉博装甲侦察车车头上的156数字的底色块为绿色，加之数字下的白色横条标志，代表其属于皇家装甲部队第147团。

■ 左图英军摩托传令兵制服装扮。他身着一件1937型作战服上衣和一条内侧用皮革进行了强化的特制马裤。作战服上佩戴了一个蓝白相间袖箍代表其为皇家通信部队的摩托车传令兵。

■ 下两图为英军摩托车手特制马裤，左为正面，右为背面。

■ 一套非常完美的英军宪兵制服装备套装：

一件1940型作战服；

一件衬衣；

一条领带；

一条摩托车手马裤；

一双摩托车手长筒靴；

一双皮手套；

一条网纹布带；

一条交叉扣带；

一个转轮手枪套；

一个地图包；

一条司登冲锋枪背带；

一个急救包；

一块防潮垫；

一个皮革工具盒；

一个宪兵袖箍。

■ 下图为彩绘作品：一名英军宪兵准下士摩托车手在诺曼底前线的一处桥头指挥交通，一名皇家通讯部队的摩托车传令兵则向一名宪兵传递情报或指示。

■ 左图为两名皇家陆军勤务部队的两名摩托车骑手。这两名中士都穿着摩托车手长筒靴、马裤、羊毛衬里皮革马甲和摩托车手头盔。

■ 下图为1944年10月25日，两名宪兵部队摩托车手展示在摩托车前部安装一根金属杆，可以避免骑手在行驶过程中遭到横在道路上的线缆伤害。

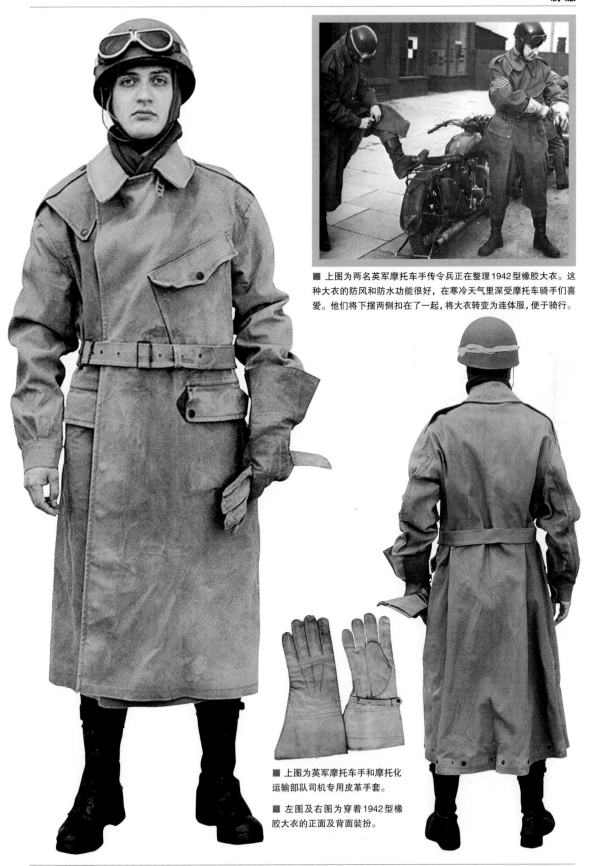

■ 上图为两名英军摩托车手传令兵正在整理1942型橡胶大衣。这种大衣的防风和防水功能很好,在寒冷天气里深受摩托车骑手们喜爱。他们将下摆两侧扣在了一起,将大衣转变为连体服,便于骑行。

■ 上图为英军摩托车手和摩托化运输部队司机专用皮革手套。

■ 左图及右图为穿着1942型橡胶大衣的正面及背面装扮。

■ 摩托车手1942型橡胶大衣

■ 上图为1944年12月11日荷兰某地，一名身着橡胶大衣的摩托车传令兵从一名指挥交通的宪兵旁经过。

■ 下图为1944年11月8日，几名身着橡胶大衣的摩托车传令兵推着摩托车行走在一条被洪水淹没的公路上，旁边可以看到一辆因路况不明而落入路边水渠的莫里斯C8型火炮牵引车。

装甲车辆乘员防护服

■ 上图为1944年6月30日，诺曼底前线，隶属于第4装甲旅的第3伦敦郡义勇骑兵队的三名士兵正在修理"谢尔曼"坦克的履带，三人都穿着丁尼布坦克乘员套装（Tank Suits Denim）。

■ 上图为一件生产于1954年的英军丁尼布坦克乘员套装标签。

■ 左图及右图身着丁尼布坦克乘员套装的装扮。除装甲兵外，这款1944年起开始列装的制服还装备于皇家工程兵部队和皇家炮兵部队的自行火炮单位的特种车辆乘员，且每人只有一套。

■ 英军1943型坦克乘员套装的装扮展示图。这种丁尼布连体套装的衬里为法兰绒面料。除装甲兵外，这款1943年起开始列装的制服同样也装备于皇家工程兵部队以及皇家炮兵部队的自行火炮单位的特种车辆乘员。

■ 上图为1944/45年冬季西北欧战场，英军掷弹兵禁卫团第4营的一辆"丘吉尔"坦克停在1座铁路桥旁，驾驶员仍留在驾驶室内，其他4名乘员都在车外，都穿着1943型坦克乘员套装。

■ 下图为1945年1月比利时某地，第11装甲师的一个"谢尔曼"坦克车组中的4名士兵尽管身着保暖性能不错的1943型坦克乘员套装，但在这个风雪交加的日子里，仍不得不点上一堆篝火取暖。

■ 上图为1944年至1945年冬天荷兰某地，第3/4伦敦郡义勇骑兵团的成员在坦克旁生火取暖。三人都穿着1943型坦克乘员套装。

■ 下图为1945年2月27日德国小城戈赫（Goch）东面，皇家苏格兰灰马骑兵团的几名装甲兵在坦克旁边生火煮茶水，抵御西北欧的严寒。

■ 上图为1944年12月25日荷兰边境小镇尼乌斯塔特（Nieuwstadt）前线，来复枪旅第1营的一名士兵，身着一套坦克成员套装，在自己的散兵坑入口处享用圣诞餐。

■ 下图为1945年1月19日德国小镇施尔堡（Schilberg），在一场战斗结束后，三名第7装甲师的士兵凝视着一具德军士兵的尸体。照片左侧的一名士兵穿着一件坦克成员套装。

■ 1944年11月荷兰某地，三名英军装甲兵身着1943型坦克乘员套装，坐在披满伪装树枝的坦克上，打开其中一名乘员家中寄来的包裹，一起分享收到家人惦念的喜悦。

军官战斗着装

■ 一名苏格兰步兵中尉（排长）的战斗条例着装装扮展示。除了如图可以戴各苏格兰步兵团专属的"塔姆奥"圆帽外，他还可以戴卡其色贝雷帽或通用便帽。他身上携带的一些单兵装备，加上如果在右臀位置上挂上一个水壶便形成了二战英国陆军军官常见的战斗条例着装。这些单兵装备将在下文中进行说明。

执勤与非执勤着装

■ 上图为1941年9月17日德国奥夫拉格（Oflag）VIID战俘营内，英军战俘仍根据英军条例，以点名条例着装（Roll Call Order）整齐地列队等候点名。

■ 左图为英国陆军点名条例着装展示。

■ 右图为英国陆军操练条例着装展示。

■ 下图为1945年4月德国某地，第43步兵师所属萨默塞特郡步兵团的一群步兵正以"搠枪"姿势接受蒙哥马利元帅的检阅。此时的着装为训练着装（Drill Order）。

■ 上图为1944年10月13，英国国王乔治六世在第12军军长里奇中将（Ritchie）的陪同下，来到奈梅亨附近视察第12军的部队。照片中接受检阅的士兵并没有完全遵照训练条例着装接受检阅，身上都穿着1937型网布装具。

■ 下图为1944年10月13日，乔治六世在第2集团军司令邓普西上将的陪同下视察第2集团军司令部。照片中士兵们则采用点名条例着装接受国王的检阅。

■ 上图为1944年5月17日，伊丽莎白公主检阅禁卫装甲师第5禁卫装甲旅所属掷弹兵禁卫团第2营的仪仗队。

■ 下图为1944年冬天，荷兰女王威廉敏娜在视察荷兰解放区期间，在尼厄嫩(Nunen)附近检阅了英军禁卫装甲师所属寒溪禁卫团的仪仗队。

■ 在上面这张拍摄于1945年老照片中，一名苏格兰禁卫团士兵敞开着1940型作战服的衣领，喝着纯正的德国啤酒。上衣里面穿着一件衬衣以及普通士兵在战争末期才允许佩戴的领带。一些部队要求官兵外出时佩戴网布腰带，穿制式靴子并绑上绑腿，或按照指挥官的要求只佩戴腰带。

■ 上图为1944年11月后的英国陆军出行服装扮。这种着装方式可以搭配低帮非制式皮鞋。无论何时，官兵出行时的着装要求需要参考所在部队指挥官的命令，根据不同时节搭配不同的制服，如官兵可以在冬季身着大衣出行。这名模特扮演的是威灵顿公爵团（西赖丁）第7营的一名下士，帽子为一顶彩色野战帽，上衣为一件美国产"战争援助"作战服上衣。这款上衣时常被英军士兵看作"最佳作战服"，用于阅兵活动和外出。

■ 左图为1945年夏天，几名外出休假的英军士兵，他们都身着干净的作战服作为出行服，但一人没有使用绑腿，完全放开了裤脚。事实上，英军在士兵出行服上没有十分严格的规定，大体上干净得体便可以。

行军着装

　　行军着装通常为部队进行野外拉练，或者在部队车辆无法跟随部队行军时的着装。

　　根据不同情况，1908型大背包可以携带大衣、皮革马甲或者一双备用靴子。

■ 右图为1944年6月3日在伦敦码头，第51（高地）师所属戈登高地人团的步兵正登船，准备参加即将发起的诺曼底登陆。除了挂在身前的一个工具包外，他们还背着一个1937型背包，背包上面固定着一张卷好的毯子。

■ 下图为英军士兵全副行军着装的背面模特展示。此时背包被布置在平时携带掘壕工具的位置，而其原本的位置则被一个1908型大背包所取代。

■ 在下图这张展示图中，一张毛毯被卷进了防潮垫，并被一根细绳固定在1908型大背包上。

■ 图为一支英军部队以行军条例着装列队进入一座城市。

士兵战斗着装

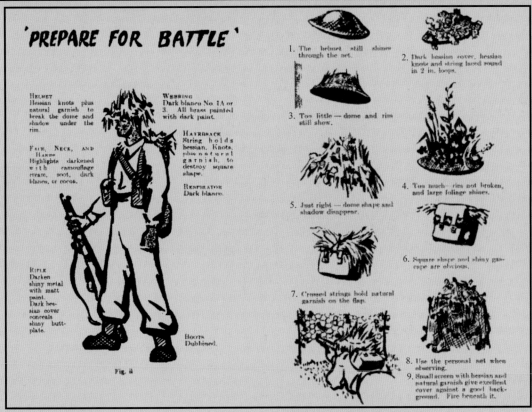

战斗着装准备工作

上图摘自英国陆军部发布于1944年3月4日的《步兵训练》（Infantry Training）第三部分，其对士兵战斗着装准备工作提出了细致的要求。该漫画左侧释意为：

钢盔
头盔应蒙上一副粗麻布盔布，并使用自然植被（草或树叶）改变头盔的弧面外形以及头盔边缘下方的阴影；

脸部、颈部和双手
使用迷彩霜、煤烟、暗色的布兰可涂料（Blanco）把脸部、颈部和手部涂暗；

步枪
使用无光涂料将步枪反光的金属部分涂黑，将反光的枪托底板盖上暗色粗麻网；

网带
使用 No.1A 型或 No.3 型暗色布兰可涂料将所有黄铜扣涂暗；

背包
用细绳为背包捆上暗色亚麻布，并用自然植被改变其方形的外形；

防毒面具
使用暗色布兰可涂料涂暗；

靴子
为靴子抹上防水油。

漫画右侧释意：
1. 即使覆盖了盔网，但网孔下的头盔依旧会反光；
2. 暗色粗麻布盔布，盔布上的粗麻布条的长度应达到2英寸；
3. 伪装物太少，钢盔弧顶和帽檐仍可见；

4. 伪装物太多，帽檐没有伪装好，大片的叶子的反光性也更强；
5. 伪装合适，刚好遮住钢盔，钢盔弧顶和帽檐都被隐藏了起来；
6. 背包方形形状清晰和包盖下的防潮垫仍会反光；
7. 用背包上的交叉带固定好天然伪装物；
8. 在执行观察任务时使用单兵伪装网；
9. 使用粗麻布和天然伪装物制作的小型隐蔽屏障，能够提供一个绝佳的伪装点，战斗时可以利用这种伪装，隐蔽下方向敌人开火。

■ 1944年7月18日诺曼底前线，为了防尘，这名爱尔兰禁卫团的中士在脸上蒙了一面手帕，Mark II 型钢盔则蒙上了两张盔罩，一张为细孔盔网，一张为宽孔盔网，后者置于前者之上。

■ 上图为1944年5月12日，英国首相丘吉尔在一次演习中视察萨默塞特轻步兵团第4营（隶属于第43步兵师）。因是在演习行动中，所以照片中这些士兵都以战斗条例着装接受丘吉尔的检阅。

■ 下图为1944年8月7日，一些以战斗条例着装的萨默塞特轻步兵团第4营的士兵在一次进攻行动结束后聚集在一起休息饮水。

■ 本页展示的两张照片为摄影师哈迪中士（Hardy）为英国《图片邮报》（Picture Post）拍摄的英军步兵在战斗中所携带的一些物品。

■ 左图为背包内所携带的物品：

1. 备用鞋带；
2. 洗漱用品；
3. 袜子；
4. 防潮垫；
5. 发刷；
6. 净水片；
7. 香烟；
8. 巧克力；
9. 应急口粮（浓缩维他命巧克力）；
10. 餐具（刀、叉和勺子）；
11. 头套；
12. 面纱（单兵伪装网）；
13. 饭盒；
14. 浴巾（非单兵携带的物品，只是在照片中用于展示物品）。

■ 右图为英军步兵携带的其他物品（左侧掘壕工具包和木柄未标记）：

1. 掘壕工具；
2. 碎布；
3. 枪油罐；
4. 步枪通条；
5. 枪刷；
6. 鞋油；
7. 鞋刷。

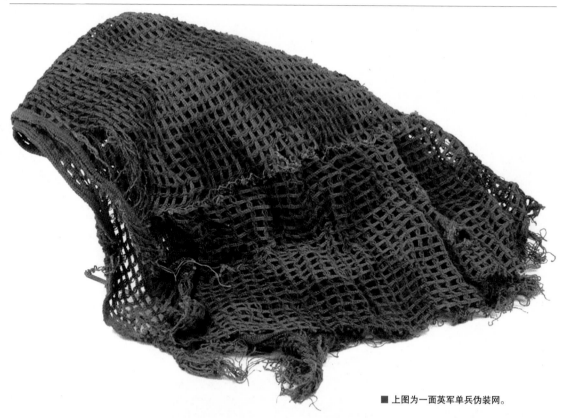

■ 上图为一面英军单兵伪装网。

■ 图为在一次举行于1942年7月20日的突击演习中，几名英军本土保卫部队成员正在泅渡一条河流，其中两名士兵在头上套了一面单兵伪装网。

■ 1944年12月10日荷兰某地，国王直属苏格兰边民团第4营C连的狙击手J·唐纳德（J. Donald），蹲坐在一处土坡旁休息。他在头上披着一面英军单兵伪装网。

■ 1945年12月5日，德国边境小城盖伦基兴（Geilenkirchen）的一名英军中士。他将一面单兵伪装网作为围巾系了在了脖子上。

■ 这两张照片同样为哈迪中士拍摄，展示了1944年8月份英军步兵的战斗着装。这名士兵为第53步兵师所属皇家威尔士燧发枪手团第6营的列兵汤姆 · 佩恩(Tom Payne)。他携带了一支维利号信号枪。与其他大多数英国步兵一样，他携带了一把通用铁锹、一支 No. 4 Mk1* 型步枪。除了两个基础弹药袋，他还携带了一个背包、一个防毒面具、一套掘壕工具和一个水壶。

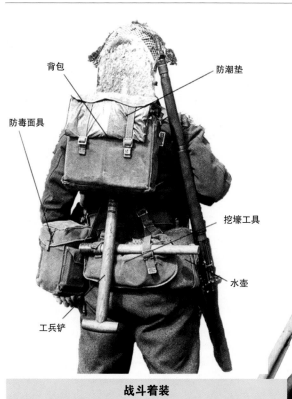

背包

防潮垫

防毒面具

挖壕工具

水壶

工兵铲

战斗着装

根据天气状况或指挥官指示，英军步兵作战时的着装与携带的装备

单兵装备

步兵排（不含摩托化步兵部队）的步兵个人携带用品包括：

带伪装网的钢盔；

面纱（单兵伪装网）；

作战服

上衣、裤子、背带、围巾、绷带、折叠刀和系索；

身份识别牌；

内衣裤

汗衫、长裤、衬衫、短袜；

靴子、绑腿；

背包（带两条网布背带）

防潮垫、羊毛衫、饭盒、炊具和燃料、餐刀、叉、勺子、洗漱用品、通用便帽、一份口粮和杯子；

装满茶水、柠檬水或水的水壶；

防毒面具及配件（可能为防毒斗篷）；

网布腰带；

掘壕工具；

防水鞋油、刷子、抹布；

两个基础弹药袋（注）

两枚手榴弹、50发步枪子弹和两个布伦轻机枪弹匣；

刺刀和刺刀套；

No. 4 Mk 1* 型步枪和枪带；

上述单兵装备总重量约30公斤。

可能携带的物品：

两个布伦轻机枪弹药袋；

一条50发步枪子弹的弹药带；

一把工兵铲；

一把工兵钳；

存放于连运输队的个人物品

大背包；

个人装备包；

大衣；

皮革背心；

一套作战服；

两套丁尼布工装；

橡胶底帆布鞋；

一双短靴；

换洗内衣裤；

套头帽；

针线盒；

防毒服；

三张毛毯（冬季为三张，置于个人装备包中）；

个人小物件。

注：基础弹药袋所携带的弹药数量根据所在整个步兵班所拥有的弹药数量进行分配。

■ 模特展示的汤姆·佩恩在1944年8月的战斗着装打扮。

苏格兰部队传统服装

在英国陆军中，苏格兰部队在阅兵活动中必须身着苏格兰裙（Kilts，格子呢短褶裙）或紧身裤（Trews，格子呢紧身裤）。

高地团苏格兰裙

在英国陆军中，除无论来自哪里的风笛手和鼓手都必须身着苏格兰裙外，各苏格兰团也装备了苏格兰裙。

低地团紧身裤

包括卡梅伦人团（苏格兰来复枪团）在内的各低地团则装备了紧身裤。

格子呢徽标

根据苏格兰部队的传统，除黑格裙警卫团和"泰恩赛德苏格兰"部队外，英国陆军各苏格兰团用不同颜色的格子呢（Tartan），制作"塔姆奥"圆帽的帽徽底布，并将其缝在作战服上衣袖子上，作为各团的团属色标。

■ 上图为1944年9月15日比利时某地，陆军元帅蒙哥马利正在给第15（苏格兰）师师长 E.C. 科尔维尔准将（E.C. Colville）颁发杰出服役勋章（Distinguished Service Order）。为了出席该仪式，科尔维尔穿上了出身团——戈登高地人团——的苏格兰裙。同时，他在作战服袖肩位置上佩戴一条戈登团的格子呢团属色标。

■ 右图为1945年4月荷兰某地，英国战时内阁成员詹姆斯·布里格先生（James Brigg）在第51（高地）步兰师师长马克·米兰少将（Mac Millan）的陪同下检阅戈登高地人团第5/7营的仪仗队。马克·米兰少将和仪仗队士兵们都穿着"戈登"格子呢苏格兰裙。

苏格兰团的格子呢			
团名	服饰	格子呢款式	风笛手苏格兰裙款式
皇家苏格兰团	格子呢紧身裤	"狩猎斯图尔特"格子呢（Hunting Stewart）	"皇家斯图尔特"苏格兰裙（Royal Stewart）
皇家苏格兰燧发枪手团	格子呢紧身裤	第42色格子呢 / 政府格子呢（42nd Tartan, or Government Tartan）	"厄斯金红色"苏格兰裙（Erskine red）
国王直属苏格兰边民团	格子呢紧身裤	"莱斯利"格子呢（Leslie）	"皇家斯图尔特"苏格兰裙
卡梅伦人团	格子呢紧身裤	"道格拉斯"格子呢（Douglas）	"道格拉斯"苏格兰裙
黑格裙警卫团	苏格兰裙	第42色格子呢 / 政府格子呢	"皇家斯图尔特"苏格兰裙
高地轻步兵团	苏格兰裙	"麦肯齐"格子呢（Mackenzie）	"麦肯齐"苏格兰裙
锡福特高地人团（不含第5营）	苏格兰裙	"麦肯齐"格子呢	"麦肯齐"苏格兰裙
戈登高地人团	苏格兰裙	"戈登"格子呢（Gordon）	"戈登"苏格兰裙
卡梅伦高地人团	苏格兰裙	"艾拉希特的卡梅伦"格子呢（Cammron of Erracht）	"皇家斯图尔特"苏格兰裙（自1943年起）
阿盖尔和萨瑟兰高地人团	苏格兰裙	第42色格子呢	第42色格子呢苏格兰裙
锡福特高地人团第5营	苏格兰裙	第42色格子呢	第42色格子呢苏格兰裙
格拉斯哥高地人团	格子呢紧身裤	第42色格子呢	"皇家斯图尔特"苏格兰裙
伦敦苏格兰团	苏格兰裙	"粗灰"格子呢（Hodden grey）	"粗灰"格子呢苏格兰裙

■ 上图为几种苏格兰步兵团传统格子呢：

1. 第42色格子呢、2."戈登"格子呢、3."麦肯齐"格子呢、4."埃拉希特卡梅伦"格子呢、5."皇家斯图尔特"格子呢、6."莱斯利"格子呢、7."道格拉斯"格子呢、8."狩猎斯图尔特"格子呢。

■ 1944年6月25日诺曼底前线，在第15（苏格兰）步兵师所属锡福特高地人团第7营的一名风笛手（共5名）身后，该营的一队苏格兰步兵正向南朝卡昂方向进军。风笛的风囊上覆盖着锡福特高地人团（第5营除外）和高地轻步兵团所使用的"麦肯齐"格子呢。

■ 上图为1940/41年冬季英国本土。一名来自女王直属卡梅伦高地人团的士兵身着苏格兰裙，高高跃起，演练冲锋作战。值得指出的是，根据苏格兰人的传统，苏格兰裙里面真的是不穿内裤的。

■ 上图为1944年2月29日，乔治六世国王来到赫特福德郡，冒着暴风雪检阅锡福特高地人团第5营。这些苏格兰士兵穿着苏格兰裙只能强忍着严寒接受国王的检阅。

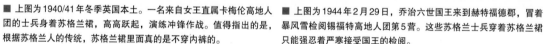

■ 下图为彩绘作品：1940年5月21日，女王直属卡梅伦高地人团第1营在比利时埃斯科特运河（Escaut Canal）附近作战。女王直属卡梅伦高地人团为英军在战斗中最后一支身着苏格兰裙的高地部队。

■ 女王直属卡梅伦高地人团的乔治·桑德斯中士（Serge Sands），他上身穿着一件1940型作战服和一条政府格子呢苏格兰裙。

■ 1941年11月21日，黑格裙警卫团第2营奉命在"十字军"行动中与其他被困部队一起冲出被围困的托布鲁克要塞，占领两处关键的高地。但是，在开阔的戈壁滩上，该营前方的坦克部队很快损失殆尽。他们不久发现自己暴露在了德军预先用于突袭托布鲁克的集中火力之下。在德军猛烈的炮火和机枪火力之下，他们依旧继续向自己的目标前进。最终，他们的进攻停顿了下来。就在部队陷入绝望之际，风笛手拉贝·罗伊（Rab Roy）和另一名风笛手吹响了象征着一切都失去的苏格兰传统曲目《黑熊》（Black Bear）。在这悲壮的笛声中，这些苏格兰士兵涌起了视死如归的勇气，继续战斗。为此，黑格裙警卫团将这天命名为"黑格裙警卫选择死亡的日子"（The Day The Black Watch Chose to Die）。上图为身着一条"皇家斯图尔特"格子呢短裙的拉贝·罗伊，在战斗间隙为战友们演奏。拉贝·罗伊随后也在战斗中屁股受伤，右下图为战友正在为他包扎伤口。他的那条留下了几个弹孔的苏格兰裙（左下图）现被收藏在黑格裙团城堡（博物馆）内，作为每年11月份的主题展品。

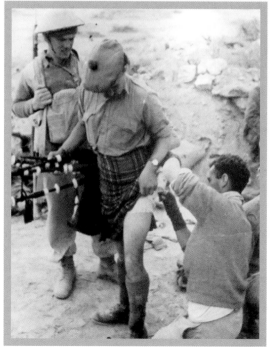

■ 为了避免在作训中弄脏苏格兰裙，英军苏格兰部队还装备了卡其色的围裙（见下方实物），让官兵在某些场合穿在苏格兰裙的外面。上图中的三名戈登高地人团的担架手便穿着一种卡其色棉围裙。

■ 上图为1944年2月中旬的某个日子，第21集团军群总司令蒙哥马利将军来到第51步兵师视察，检阅该师所属戈登高地人团第5/7营。照片中一些军官都戴着戈登高地人团特属苏格兰便帽，并穿着格子呢苏格兰裙。

■ 下图同样拍摄于1944年2月的某个日子，蒙哥马利将军视察卡梅伦高地人团第5营。照片中该营官兵都身着卡梅伦高地人团特殊苏格兰群，戴着英军苏格兰部队的"奥塔姆"圆帽。

■ 上图是1939年秋季，动员时期正在进行刺刀训练的一些阿盖尔和萨瑟兰高地人团的新兵。不知为何，他们此时都穿着低地部队的格子呢裤子。尽管这种裤子在名义上为紧身裤，但其款式在三四十年代已经成为直筒款。

■ 下图是1939年秋季，正在进行防毒面具使用训练的阿盖尔和萨瑟兰高地人团的士兵。他们也都穿着低地部队的格子呢裤子。

制服徽标

除帽徽外，英国陆军还通过大量制式徽标莱辨识士兵所属的部队。一些部队甚至在作战服袖子上缝制了多种袖标，以彰显独特性。

■ 左图为1944年7月11日诺曼底前线。几名英军士兵在路旁合影。左边为一名下士宪兵，其袖子上臂从上而下佩戴着宪兵袖标、部队徽标、猩红色步兵兵种色标和军衔臂章。中间三名士兵则来自皇家坦克团第3营。右侧为一名属于第23轻骑兵团的下士，他佩戴着皇家装甲部队名称袖标、第11装甲师师徽、皇家装甲部队黄－红色的兵种色标和军衔臂章。

■ 右图及上图为几件英军作战服上衣袖标展示：

1. 禁卫装甲师的一名皇家电子和机械工程兵部队的列兵袖标；
2. 第52（低地）步兵师的一名皇家炮兵部队的列兵袖标；
3. 第11装甲师的一名陆军体育训练部队的上士袖标；
4. 达勒姆轻步兵团的一名二级候补的军官袖标。

英国陆军作战服上衣袖标规范

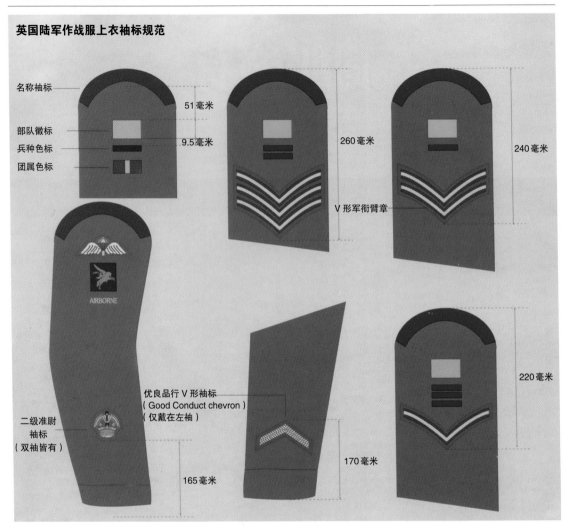

名称袖标 — 51毫米

部队徽标 — 9.5毫米

兵种色标

团属色标

260毫米

240毫米

V 形军衔臂章

二级准尉
袖标
（双袖皆有）

优良品行 V 形袖标
（ Good Conduct chevron ）
（仅戴在左袖）

220毫米

165毫米

170毫米

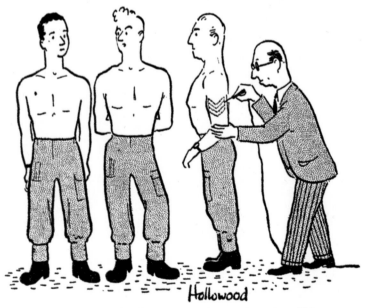

Hollowood

"Looks as though we are for the Tropics, after all."

■ 这幅漫画是1944年6月刊登在《伦敦观点》周刊（London Opinion）上的一幅无题漫画：一名裁缝在光着膀子的士兵手臂上绣军衔臂章，而滑稽的配文意为："这样看起来我们毕竟是去热带啊！"

■ 上图为1944年8月1日诺曼底前线。两名隶属于第43（威塞克斯）步兵师所属多塞特郡团第5营的步兵检查缴获的德军手枪。

■ 二战中，多塞特郡团第4和第5营则被编入第43步兵师所属的第130步兵旅。右图为第5营隶属该师期间的一件作战服，除增加了师徽外，2条猩红色色标代表第130步兵旅，而下方的绿色色标则为多塞特郡团的团属色标。

■ 下图为诺曼底战役期间，多塞特郡团第1营隶属于第50（诺森伯兰）步兵师，因此此时其袖子上缝了一枚第50步兵师师徽。

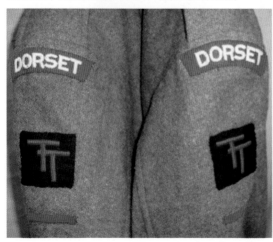

■ 左图为1945年3月荷兰，两名第49（西赖丁）步兵师的士兵在前线的一幢木屋前。左边为一名团军需军士（Regiment Quartersergeant，二级准尉），右边则是一名团军士长（Regiment Sergeant Major，一级准尉）。两人都属于第146步兵旅的约克和兰开斯特团第4哈勒姆郡营（4th Hallamshire Battalion）。他们将非制式的部队名称袖标、师徽和所在旅色标缝在了一块卡其色底布上。师徽为第49步兵师在二战中的第二版"北极熊"师徽。左侧的团军需军士在团军需军士袖标下方佩戴的一组红色倒V形袖标代表其战时服役的年数（一个代表一年）。另外，这个本土陆军营的帽徽为约克和兰开斯特团帽徽

■ 下图为格洛斯特郡团第2营的一名中尉军官装扮。该营在1944年初被编入第56步兵旅，后在同年8月与该旅一道加入第49步兵师。在这件作战服上，除佩戴了第49步兵师师徽外，在兵种色标下方还佩戴了第56步兵旅的"狮身人面像"徽标。

■ 上图为一件同样为第49步兵师的作战服，具体部队为埃塞克斯团第2营。其在一块橄榄绿的底布上自上而下缝了一块第49步兵师的第二版"北极熊"师徽、步兵色标、皇家陆军牧师部色标和第56步兵旅"狮身人面像"徽标。

部队名称袖标

英国陆军部队名称袖标，在英文的字面十分简单——Shulder Titles，意为"肩部名称条"，为一条绣有所在团、兵种或勤务部队全称或缩写的布条。本书所介绍的部队名称袖标为1943年6月官方发布的版本，其中包括制式棉斜纹布印染版或非制式的刺绣版。部队名称袖标应佩戴在两袖肩部接缝的下方。

1943年10月，一些团根据命令开始试验性佩戴名称袖标。一些拥有苏格兰步兵团则允许选择一款特殊设计和形状的传统徽标取代部队名称袖标，如部队名称袖标形状的苏格兰格子呢布条。值得指出的是，第15和第52步兵师中的卡梅伦人团的部队都选择在来福枪部队的暗绿色底布之上缝黑色皮革的名称，而没有选择使用该团传统的"道格拉斯"格子呢。这种裁剪成菱形"道格拉斯"格子呢袖标通常只有一些军官和士官佩戴，或者在战后搭配在"最佳作战服"上，以及佩戴在"塔姆奥"圆帽上，作为帽徽底布。

为尊重传统，亦或是在材料上不能满足1943年规定的部队名称袖标的制作，一些部队仍继续佩戴使用非规定的颜色和名称的袖标。这类现象常见于一些军官和军士作战服上，而一些普通士兵更也会专门让裁缝制作在感官上更好的袖标，缝在出行服上。

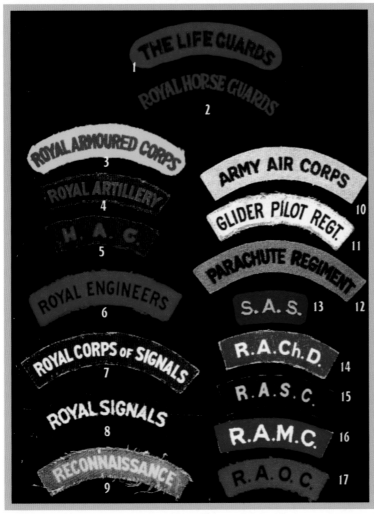

皇室骑兵团与兵种和勤务部队名称袖标

皇室骑兵团
1. 禁卫骑兵团
2. 皇家骑兵禁卫团

兵种和勤务部队
3. 皇家装甲部部队
4. 皇家炮兵部队
5. 荣誉炮兵连，附属于皇家骑炮部队
6. 皇家工程兵部队
7/8. 皇家通讯部队，1944年9月则使用"Royal Signals"表示（8）
9. 侦察部队
10. 陆军航空部队
11. 滑翔机飞行员团
12. 伞兵团
13. 特别空勤团
14. 皇家陆军牧师部
15. 皇家陆军勤务部队
16. 皇家陆军医疗部队
17. 皇家陆军军械部队

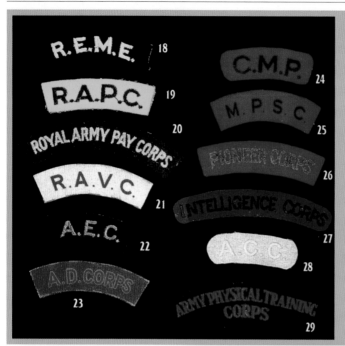

兵种和勤务部队
名称袖标

18. 皇家电子和机械工程兵部队
19/20. 前者为皇家陆军薪水部队缩写名称袖标，后者为1945年5月采用的全称袖标；
21. 皇家陆军兽医部队
22. 陆军教育部队
23. 陆军牙科部队
24. 宪兵部队
25. 军事司法部队
26. 工兵部队
27. 情报部队
28. 陆军餐饮部队
29. 陆军体育训练部队

步兵团名称袖标

步兵禁卫团

1. 掷弹兵禁卫团
2. 寒溪禁卫团
3. 苏格兰禁卫团
4. 爱尔兰禁卫团
5. 威尔士禁卫团

线列步兵

6. 女王皇家团
7. 皇家东肯特郡团
8. 国王直属团
9. 皇家诺森伯兰燧枪手团
10. 皇家沃里克郡团
11. 皇家燧发枪手团
12. 国王（利物浦团）
13. 皇家诺福克团
14. 林肯郡团
15. 德文郡团
16. 萨福克团
17. 萨默赛特轻步兵团
18. 西约克郡团
19. 东约克郡团
20. 贝德福德郡和赫特福德郡团
21. 赫特福德郡团

步兵团名称袖标

22. LEICESTERSHIRE

23. GREEN HOWARDS

24. LANCASHIRE FUSILIERS

25. ROYAL SCOTS FUSILIERS

26. CHESHIRE

27. ROYAL WELCH FUSILIERS

28. SOUTH WALES BORDERERS

29. S.W.B.

30. MONMOUTHSHIRE

31.

32. INNISKILLINGS

33. GLOUCESTERSHIRE

34. GLOSTER

35. WORCESTERSHIRE

36. EAST LANCASHIRE

37. EAST SURREY

38. CORNWALL

39. D.C.L.I.

40. DUKE OF WELLINGTON'S

41. BORDER

22. 莱斯特郡团
23. 绿色霍华德团
24. 兰开夏郡团
25. 皇家苏格兰燧发枪手团
26. 柴郡团
27. 皇家威尔士燧发枪手团

28/29. 后者为1943年10月起采用的南威尔士边民团缩写名称袖标，前者为该团全称名称袖标
30. 蒙茅斯郡团
31. 卡梅伦人团（苏格兰来复枪团）
32. 皇家恩尼斯基林燧发枪手团

33. 格洛斯特郡团
34. 格洛斯特郡团（非制式）
35. 伍斯特郡团
36. 东兰开夏郡团
37. 东萨里团
38/39. 前者为康沃尔公爵轻步兵

团1944年9月前使用的袖标，后更换缩写名称袖标（39）
40. 威灵顿公爵团
41. 边民团

步兵团名称袖标

42. 皇家苏塞克斯团
43. 汉普郡团
44. 南斯塔福德郡团
45. 多塞特郡团
46. 南兰开夏郡团
47. 威尔士团
48. 牛津郡和白金汉郡轻步兵团
49. 埃塞克斯团
50. 舍伍德森林人团
51. 忠诚团（北兰开夏郡团）
52. 北安普敦郡团
53. 皇家伯克郡团
54. 皇家西肯特团（女王直属团）
55. 国王直属约克郡轻步兵团
56. 国王什罗普郡轻步兵团
57. 赫里福德郡团
58. 米德尔塞克斯团
59. 肯辛顿团
60. 国王皇家来复枪军团
61. 威尔特郡团
62. 曼彻斯特团
63. 北斯塔福德郡团
64. 约克和兰开斯特团
65、66. 哈勒姆郡营，后者为绣在卡其色

布料上的非制式版本，主要出现在西北欧战场上
67. 达勒姆轻步兵团
68. 伦敦苏格兰人团
69. 皇家阿尔斯特来复枪团
70. 伦敦爱尔兰来复枪团
71. 皇家爱尔兰燧发枪手团
72. 来复枪旅
73. 陆军突击队（通用袖标）

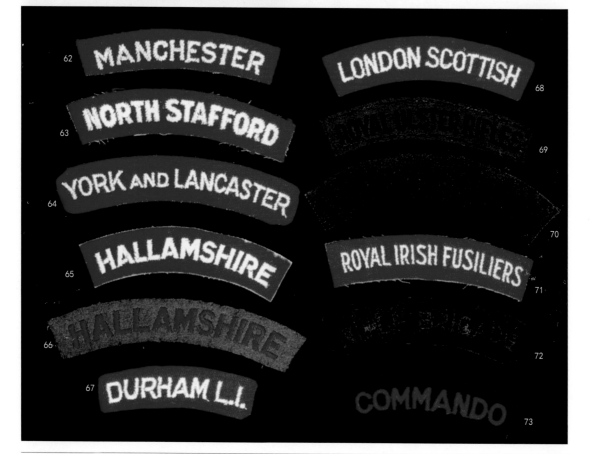

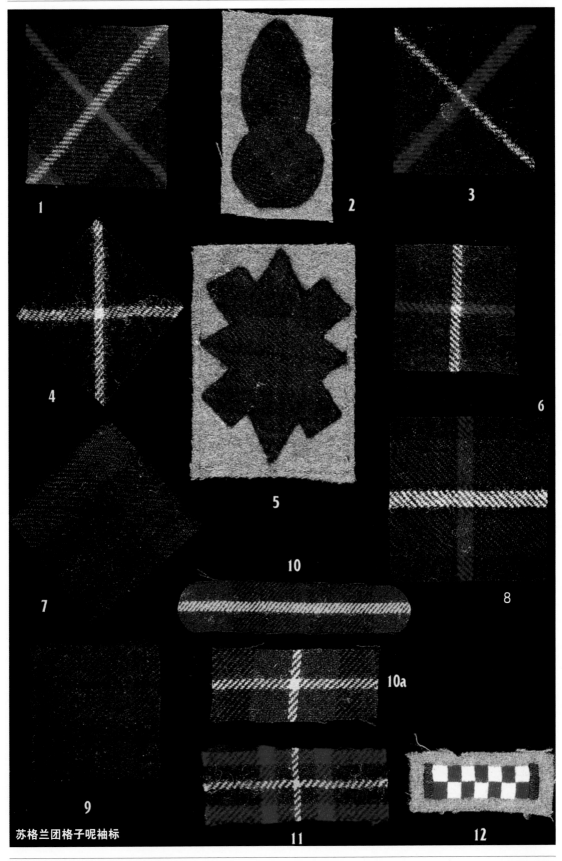

苏格兰团格子呢袖标

苏格兰步兵团和步兵营所佩戴的用来取代臂条的徽章（1943年10月）		款式见上页
部队名	格子呢款式	形制
1. 皇家苏格兰团	"狩猎斯图尔特"格子呢	正方形（6.35厘米 × 6.35厘米）
2. 皇家苏格兰燧发枪手团	第42政府格子呢	手榴弹形，与名称徽标一起佩戴
3. 国王直属苏格兰边民团	"莱斯利"格子呢	正方形（5.08厘米 × 5.08厘米）
4. 卡梅伦人团（苏格兰来复枪团）	"道格拉斯"格子呢	倒立状，正方形（7.62厘米 × 7.62厘米）
5. 黑格裙警卫团（皇家高地人团），"泰恩赛德苏格兰"营	第42政府格子呢	蓟花形
6. 高地轻步兵团	"麦肯齐"格子呢	正方形（4.4厘米 × 4.4厘米）
7. 格拉斯哥高地人团	第42政府格子呢	倒立状，正方形（65毫米 × 65毫米）
8. 锡福特高地人团（不含第5营）	"麦肯齐"格子呢	正方形（7.62厘米 × 2.9厘米）
9. 锡福特高地人团第5营	第42政府格子呢	正方形（7.62厘米 × 2.9厘米）
10. 戈登高地人团	"戈登"格子呢	臂条状
10a. 戈登高地人团	"戈登"格子呢	矩形
11. 卡梅伦高地人团	"卡梅伦"格子呢	长方形（7.62厘米 × 2.9厘米）
12. 阿盖尔和萨瑟兰高地人团		绿色镶边、红白相间的方格

■ 1944年8月7日诺曼底某地，第51（高地）步兵师所属黑格裙警卫团（第1或第7营）行政排的一名担架手正在整理医药包。他身着一套1940型作战服，佩戴着蓟花形的第42政府格子呢袖标。该袖标上方有代表这两个营所在的第154步兵旅的三根猩红色色标，再往上则是第51高地步兵师徽。

■ 图为第51（高地）步兵师中级旅——第153步兵旅庵下的黑格裙警卫团第5营的作战服袖标展示。1939/40年间的第153旅庵下只有一个黑格裙警卫团第4营，重组后则编入了黑格裙警卫团第5营。

■ 上两图是1944年6月，诺曼底前线，一名来自第154步兵旅的黑格裙警卫团第1或第7营的士兵（右一）正在与两名德军东方部队的"突厥斯坦"军团成员交谈（左上图）。同样，他也佩戴了黑格裙警卫团格子呢袖标、第154旅色标和第51步兵师师徽（见右上图实物）。

■ 图为詹姆斯·奥利弗准将，入伍前为一名推销员，1926年加入黑格裙警卫团第4/5营（本土陆军），战争爆发后至1942年5月升任在阿拉曼作战的第7营营长。1944年1月成为第154步兵旅准将旅长。图为这期间的奥利弗准将，其袖子上除拥有第154旅色标外，还有一枚黑格裙警卫团格子呢袖标。奇怪的是，此时他并没有佩戴第51（高地）步兵师师徽，在他的很多其他照片中倒是能见到这个师徽。

■ 图为1945年春，奥利弗准将（左一）与蒙哥马利元帅（右一）在一起。此时，除黑格裙警卫团格子呢袖标和第154旅的三根色标外，他还佩戴了第51（高地）步兵师师徽。

■ 上图为1945年4月18日德国西北部的于尔岑（Uelzen），几名来自第52（低地）步兵师的卡梅伦人团第6或第7营的士兵，在部队上前与德军交战时，留在安全地带看管战友们的背包。

■ 下图为战争期间，卡梅伦人团第6和第7营被编入了第52（低地）步兵师所属的第156步兵旅，而第9和第10则进入第15（苏格兰）步兵师。图为一件属于第156步兵旅卡梅伦人团第6和第7营的作战服左袖袖标展示。在第52（低地）步兵师徽上方为一枚卡梅伦团格子呢袖标，下方的两条绿色色标则代表第156步兵旅。

■ 上图为一名卡梅伦人团士兵在战前拍摄的一张照片。他佩戴着一枚卡梅伦人团名称袖标和格子呢袖标。这名士兵在敦刻尔克被俘，后被关押在斯塔拉格战俘营直至战争结束。

■ 上图为聚在一起的几名皇家苏格兰燧发枪手团第11营的士兵。他们在袖子上佩戴着第49（西赖丁）步兵师的"北极熊"师徽，但照片中只有一人佩戴了皇家苏格兰燧发枪手团的手榴弹形状格子呢袖标。

■ 图为编入第15（苏格兰）步兵师第44（低地）步兵旅的皇家苏格兰燧发枪手团第6营袖标展示。从上而下分别为皇家苏格兰燧发枪手团名称袖标、第15（苏格兰）步兵师师徽、第44（低地）步兵旅色标和皇家苏格兰燧发枪手团第6营手榴弹形格子呢袖标。

■ 上图这件第52（低地）步兵师作战服则属于一名第156步兵旅所属皇家苏格兰燧发枪手团第4/5营的下士，其袖子上同样佩戴了皇家苏格兰燧发枪手团格子呢袖标。但是，不知为何代表第156步兵旅的两条色标为猩红色，而非前面所展示的绿色？

■ 上图为1944年10月27日，隶属于第15（苏格兰）步兵师第44步兵旅的皇家苏格兰团第8营的士兵们，在荷兰城市蒂尔堡（Tilburg）郊外休息。在照片近景处这名布伦机枪手作战服袖子上可以看到，其在第15（苏格兰）步兵师师徽上佩戴了一枚皇家苏格兰团格子呢袖标。

■ 左图为皇家苏格兰团第8营袖标展示，格子呢袖标下方分别为第15（苏格兰）步兵师师徽和代表第44步兵旅的一根猩红色色标。

■ 下图为战争期间，皇家苏格兰团第7/9营被编入了第52（低地）步兵师所属的第155步兵旅。图为该营在此期间的作战服袖标展示，皇家苏格兰团格子呢袖标被布置于代表第15步兵旅的猩红色色标之下。

■ 上图为1944年6月28日，"赛马"行动期间，第15步兵师所属皇家苏格兰团第8营的步兵在第31陆军坦克旅的支援下，准备向德军阵地发起进攻。

■ 下图为1944年8月3日，一些皇家苏格兰团的步兵行进在通往诺曼底地区圣皮耶尔塔朗坦（St Pierre Tarentaine）的一条公路上。

■ 上图为1944年7月30日诺曼底某地，第15（苏格兰）步兵师第46（高地）步兵旅的格拉斯哥高地人团第2营的一个布伦机枪装甲车的车组。这些本土陆军成员都佩戴着格拉斯哥高地人团格子呢袖标。

■ 格拉斯哥高地人团第1营在战争中则编入了第52（低地）步兵师，1945年3月12日之前属该师的第157步兵旅，后编入第156步兵旅。上图为该营隶属于第157旅期间的作战服袖标展示，在第52师徽上方为格拉斯哥高地人团的格子呢袖标。

■ 图为1944年7月30日，在进攻诺曼底地区小城科蒙以南地区期间，格拉斯哥高地人团第2营的两名无线电员背着一具No.18型电台行走在公路旁。两人都佩戴了格拉斯哥高地人团的格子呢袖标。

■ 上图为1944年6月23日诺曼底某地，第51（高地）步兵师的一名锡福特高地人团军官（左一）和另外一名其他部队军官一起检查一名德军俘房的证件。照片中他在第51步兵师师徽的上方佩戴了一枚锡福特高地人团的格子呢袖标。1944年间，第51步兵师麾下的锡福特高地人团部队为该团的第2和第5营，且都在第152步兵旅中。

■ 下图为1945年3月23日德国莱茵河西岸前线，第51（高地）步兵师所属锡福特高地人团第2营的一些士兵们围坐在一个隐蔽壕旁惬意地享受下午茶时光。照片中数人都佩戴着锡福特高地人团的格子呢袖标。

■ 上图为1940年至1941年间，几名身着苏格兰裙的锡福特高地人团士兵在多佛附近著名的白崖上站岗执勤。他们都在作战服袖子上佩戴了锡福特高地人团格子呢袖标。

■ 下图为1945年4月18日，第15步兵师所属锡福特高地人团第7营的几名士兵在德国城市于尔岑内的1堵篱笆下躲避德军狙击手的火力。照片中可以看到近景处这名士兵佩戴了一枚锡福特高地人团的格子呢袖标。

■ 上图为1944年11月荷兰前线，国王直属苏格兰边民团第6营的一名机枪手。此时，该营隶属于第15（苏格兰）步兵师的第44（低地）步兵旅。因此这名士兵在其团属格子呢袖标（见右图实物）下方佩戴了一枚第15（苏格兰）步兵师师徽。

■ 下图为国王直属苏格兰边民团第1营在1940年至1945年间被编入第3步兵师所属的第9步兵旅。左图为1944年7月10日，在卡昂的街头战斗中，该营部署在街头拐角处的一个机枪组正使用一挺缴获的"霍奇斯"重机枪组。他们都在第3步兵师师徽上方佩戴了一枚国王直属苏格兰边民团格子呢袖标（见右图实物）。

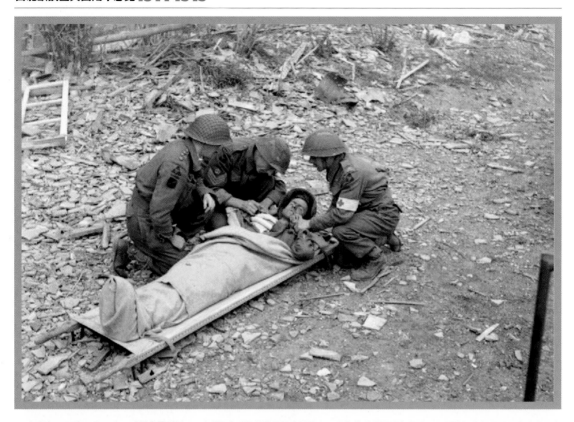

■ 上图为1944年7月10日，法国卡昂附近。一名第3步兵师的伤员躺在担架上，准备被送往团属急救站。上图中两名担架手正在查看这名伤员的伤情，照片左侧为该师所属国王直属苏格兰边民团的一名上尉牧师。

■ 下图为1944年8月5日，几名国王直属苏格兰边民团第1营的士兵在法国小镇蒙特查理维尔（Montcharivel）镇内休息。照片右侧的士兵佩戴了国王直属苏格兰边民团的格子呢袖标，正在逗着一只小狗；一名德军俘虏则手指夹着香烟，微笑着面对着镜头。

■ 上图为1944年7月10日，卡昂城内，第3步兵师所属国王直属苏格兰边民团第1营的两名士兵正在查看一条"霍奇斯"重型机枪的弹链。左侧这名士兵佩戴了一枚国王直属苏格兰边民团的格子呢袖标。

■ 下图为1944年7月9日，国王直属苏格兰便民团第1营第一批进入卡昂城的士兵在路旁合影。从这张照片看，这群士兵中只有少数人佩戴了国王直属苏格兰边民团的格子呢袖标。

■ 1942年12月5日，国王直属苏格兰边民团第7营脱离第15（苏格兰）步兵师第44步兵旅，接受滑翔机空降训练，随后于1943年11月加入第1空降旅（1st Airlanding Brigade）。上图为该营的一名士兵，他在国王直属苏格兰边民团格子呢袖标下方佩戴了一枚空降部队袖标和空降部队兵种袖标。另外，他在自己的空降部队红色贝雷帽上佩戴了一枚国王直属苏格兰边民团帽徽。

■ 国王直属苏格兰边民团在战争中第4和第5营被编入第52（低地）步兵师所属第155步兵旅，其中第5营于1945年2月12日起转入同属该师的第157步兵旅。上图为这两个营隶属第155步兵旅期间的作战服，第52步兵师师徽上方为该团的格子呢袖标。

■ 下图是1944年4月底，易北河前线的一处国王直属苏格兰边民团某营的6磅反坦克炮阵地，其旁边散兵坑内部署了一个布伦机枪组，机枪手作战服袖子上佩戴了一枚国王直属苏格兰边民团格子呢袖标。

■ 左图为戈登高地人团某营的一些士兵。照片中前排两人上臂都只佩戴了一枚格子呢袖标。

■ 戈登高地人团第2营原本驻扎在马来亚，为英军第2马来亚步兵旅的一部分，参加了1942年2月的新加坡战役，并于当月2月15日与其他13000人英联邦军队一起向日军投降。1942年5月，英军在本土利用第11营的人员重新组建了第2营，并将其编入第15（苏格兰）步兵师，自1943年9月11日起与高地轻步兵团第10营和阿盖尔和萨瑟兰高地人团第2营组成第227步兵旅，而该旅此时成为第15（苏格兰）步兵师第三个旅。戈登高地人团第2营随后参加了诺曼底战役，经荷兰作战一直深入德国本土。下图为1945年2月10日，该营的3名官兵在研究作战形势，左侧的士兵上臂佩戴了第15师师徽，其上方应该佩戴一枚戈登高地人团格子呢袖标，下方则应是三条代表第227步兵旅的猩红色色标（见右图实物）。

■ 1944年6月17日，第51步兵师所属戈登高地人团第5/7营的士兵隐蔽在诺曼底地区一片植被茂盛的树篱地带中。照片中这名士兵佩戴了一枚戈登高地人团第二款格子呢袖标。

■ 左图为1945年4月11日，在进攻德国城市策勒期间，第6禁卫坦克旅的"丘吉尔"坦克和第15（苏格兰）步兵师的步兵在一条公路上休息。照片前景处这名士兵在袖子顶部佩戴了一枚戈登高地人团的第一款格子呢袖标，证明其隶属于戈登高地人团第2营。

■ 下图为1944年7月24日，戈登高地人团第5/7营的几名风笛手聚集在一起，分发家乡寄来的信件。照片中可以看到其中两名士兵的制服上佩戴了戈登高地人团的第二款格子呢袖标。

■ 上图为第51（高地）步兵师第152步兵旅麾下的女王直属卡梅伦高地人团第5营的一些士兵正在制作布丁。照片中央为一名一级准尉和他左手边的战友都佩戴着女王直属卡梅伦高地人团的格子呢袖标。挂在桌前的一块格子布上的徽标为女王直属卡梅伦高地人团原先的番号，最早可追溯至1793年成立的第79步兵团（卡梅伦人志愿者团）。

■ 图为女王直属卡梅伦高地人团的乔治·桑德斯上士，他将格子呢袖标佩戴在第51（高地）步兵师师徽的上方，且款式也与上图所展示的不相同。

■ 图为第51高地步兵师所第152步兵旅的女王直属卡梅伦高地步兵团第5营袖标。

■ 阿盖尔和萨瑟兰高地人团第2营在新加坡被俘后，英军在本土将战时改编的第15营改组为第2营，并将其编入第15（苏格兰）步兵师第227步兵旅。在西北欧战场，第15步兵师的上级单位为第21集团军群麾下第2集团军的第8军。左上图为阿盖尔和萨瑟兰高地人团第2营的一名士兵，他在袖根部佩戴了一枚所在团的红白格子袖标，其下方是一枚第8军臂章。但是，通常第15步兵师麾下的阿盖尔和萨瑟兰高地人团第2营佩戴的袖标应为右图所展示的样式，即格子呢袖标下方应是第15步兵师师徽。第8军直属部队中有一个改组自阿盖尔和萨瑟兰高地人团第5营的第91（阿盖尔和萨瑟兰高地人）反坦克团，因此笔者认为这名士兵在很大程度上应属于第91反坦克团，而不属于第227步兵旅。

■ 下图尽管拍摄于1947年，但照片中的阿盖尔和萨瑟兰高地人团士兵们都在作战服袖根位置上佩戴了红白格子呢袖标。图为1947年4月21日，伊丽莎白公主生日当天成为阿盖尔和萨瑟兰高地人团荣誉团长，检阅该团仪仗队。此次以后，伊丽莎白时常将该团称为"朕的高地人团"。

■ 1945年3月26日，丘吉尔在蒙哥马利元帅的陪同下，渡过莱茵河视察前线部队。图为丘吉尔在莱茵河附近与一些隶属于第15步兵师所属阿盖尔和萨瑟兰高地人团的士兵交谈。照片前景处这名士兵佩戴了阿盖尔和萨瑟兰高地人团的红白格子呢袖标。

■ 阿盖尔和萨瑟人团第1营曾参加过北非战役、克里特战役、阿比西尼亚战役和意大利战役。1944年2月，该营被编入第8印度步兵师所属第19印度步兵旅。图为该营在第8印度步兵师期间的一次检阅活动上，可见他们在该师的"三朵小花"师徽标下方佩戴了一枚红白格子呢袖标。

■ 1944年至1945年间，在西北欧战场，高地轻步兵团的部队主要分散在第15（苏格兰）、第52（低地）和第53（威尔士）步兵师，其中第1营属第53步兵师的第71步兵旅，第5营属于第52步兵师第157步兵旅，第6营属于第52步兵师第155旅（1945年2月12日转隶第157旅），第10营属于第15步兵师第227步兵旅。左上图便是一件第52（低地）步兵师第157步兵旅的高地轻步兵团第5或第6营的作战服，高地轻步兵团格子呢袖标位于第52步兵师师徽的上方。右上图为高地轻步兵团第10营在第15（苏格兰）步兵师的袖标搭配方式。

■ 下图为1944年6月26日，"赛马"行动期间，第15（苏格兰）步兵师所属高地轻步兵团第10营的一支队伍正向前线开拔。依稀可见第一名士兵作战服袖子上佩戴了第15步兵师师徽和高地轻步兵团格子呢袖标。

部队臂章

1941年，英军正式采用部队徽标作为高级单位麾下部队的标志。英军部队徽标佩戴于作战服上衣和军官常服上衣的两袖上臂位置，为成对发放。一些徽标则采用对称设计，让两枚徽标在佩戴时都面向前方。

一些部队徽标则采用了纹章学的设计原理和要求，如第15（苏格兰）步兵师的"狮子"师徽和第43（威塞克斯）步兵师的"飞龙"（Wyvern）师徽，狮子和飞龙的头都面向左侧，以便一直保持左脸示人姿态。

集团军、军和高级部队臂章

■ 第21集团军群司令部臂章。该臂章启用于1943年9月，佩戴在第21集团军群司令部所有成员作战服上臂和军官常服上臂位置。

■ 第21集团军群司令部直属部队臂章。设计基于第21集团军群司令部臂章，但没有交叉的十字军宝剑。除第21集团军群司令部直属部队外，该臂章也使用于集团军群麾下的后方联络线部队（lines of Communicaion）和其他没有本部臂章的下级部队，以及法国战事结束后法国境内的英军。

■ 第21集团军群后方联络线部队司令部臂章。该臂章使用于西北欧战场战时的第21集团军群后方联络线部队司令部所属部队，以及战争结束后初期的低地国家英国驻军司令部、德国汉堡地区和莱茵河地区的英国驻军。

■ 第2集团军臂章。

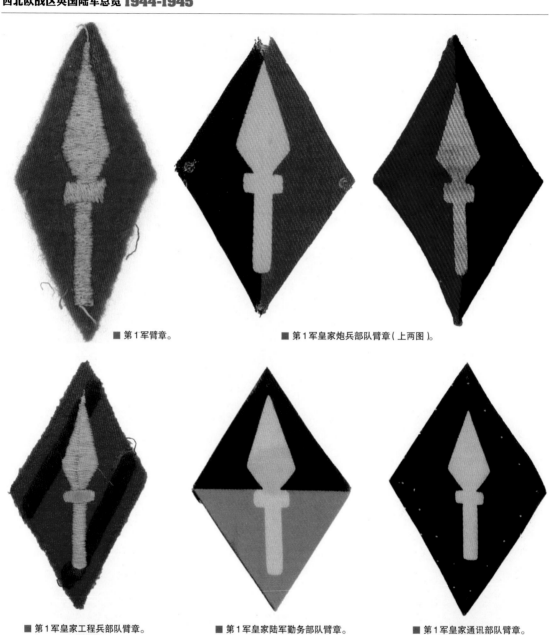

■ 第1军臂章。

■ 第1军皇家炮兵部队臂章（上两图）。

■ 第1军皇家工程兵部队臂章。

■ 第1军皇家陆军勤务部队臂章。

■ 第1军皇家通讯部队臂章。

■ 第8军臂章（左侧佩戴于右臂，右侧佩戴于左臂）。

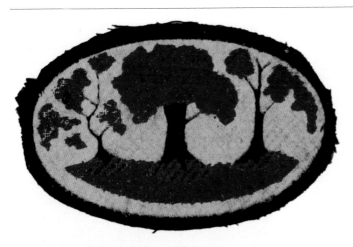

■ 第12军臂章。图案象征着科幻小说《普克山的派克》(Puck of Pook's Hill) 中的橡树、白蜡树和荆棘，而该军的组建地正是在普克山县(Pook' Hill country)。

■ 防空司令部臂章。

■ 第30军臂章（左图佩戴于右臂，右图佩戴于左臂）。

■ 联合行动部队臂章(Combined Operations)，左图佩戴于右臂，右图佩戴于左臂。此为陆军和空军款，但空军将其佩戴在小臂位置，陆军佩戴于上臂。海军款为上端弧形，下端矩形。

■ 空降兵部队臂章（上两图）及空降兵兵种袖标（左图）。臂章图案为驾驭天马珀伽索斯（Pegasu）的古希腊神话中的英雄柏勒洛丰（Bellerophon）。

■ 上图及右图为海滩大队臂章。

■ 突击旅臂章。英军突击队旅为1944年11月更名的特勤旅，第21集团军群麾下拥有第1和第4突击队旅。

装甲部队臂章

■ 近卫装甲师臂章。

■ 第79装甲师臂章。

■ 上两图是第7装甲师臂章。

■ 上两图是第11装甲师臂章。

■ 上两图是第4装甲旅臂章。

■ 下两图为第27装甲旅臂章。"海马"徽标代表其为两栖部队。该旅装备水陆两用型"谢尔曼"坦克（Sherman DD）。

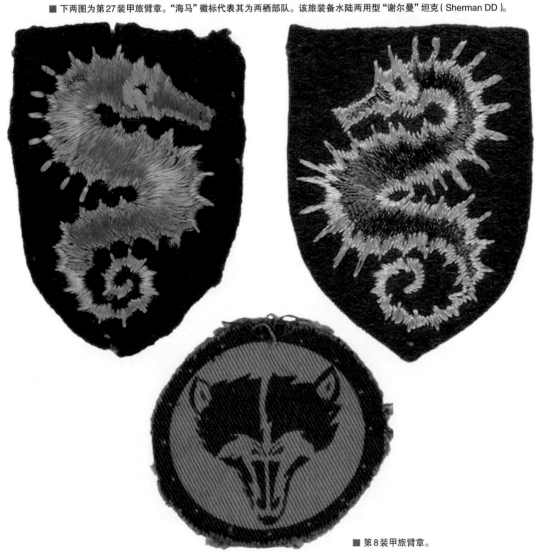

■ 第8装甲旅臂章。

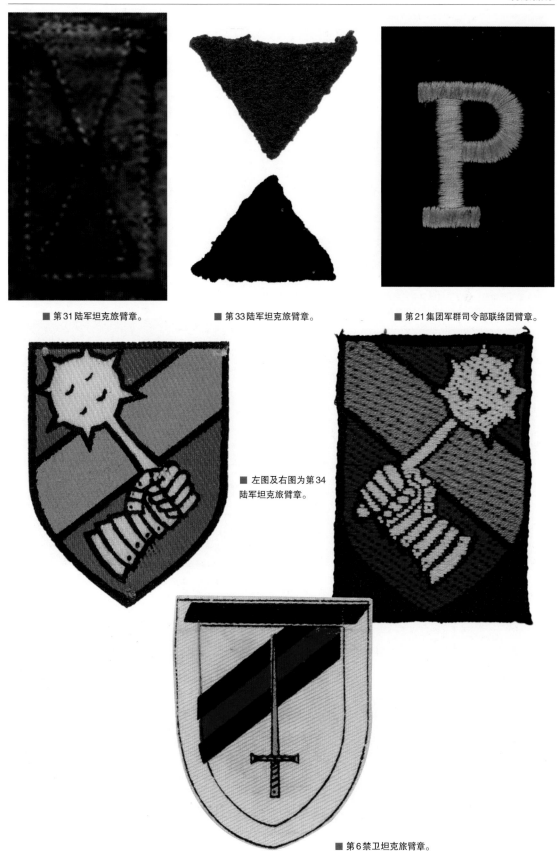

■ 第31陆军坦克旅臂章。

■ 第33陆军坦克旅臂章。

■ 第21集团军群司令部联络团臂章。

■ 左图及右图为第34陆军坦克旅臂章。

■ 第6禁卫坦克旅臂章。

步兵部队臂章

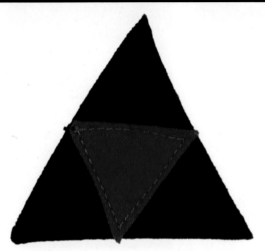

■ 第3步兵师臂章。红色三角形将大三角形分成了三个小的黑三角形，象征着其麾下的三个旅以及该师的番号。

■ 第5步兵师臂章。字母 Y 代表该师组建地——约克郡。

■ 第15（苏格兰）步兵师臂章。狮子图案源自苏格兰王国纹章，外围白色圆圈为字母 O，为字母表中第15个数字，代表该师的番号。

■ 第43（威塞克斯）步兵师臂章。图案为一只双足的飞龙，为中世纪英国的威塞克斯王国纹章。

■ 第49（西赖丁）步兵师臂章。选择站在冰面上的北极熊作为师徽是为了纪念该师曾在1940年至1941年间驻扎在冰岛的岁月。

■ 第50（诺森伯兰）步兵师臂章。两个叠加在一起的字母 T 寓意诺桑比亚地区两条首字母为 T 的河流：泰恩河（Tyne river）和蒂斯河（Tees river），而当两个字母 T 旋转融合为字母 H，则代表该地区的第三条河流——亨伯河（Humber river）。

■ 第51（高地）步兵师臂章。圆圈内融合在一起的字母 H 和 D 为英文 "Highland"（高地）一词的首字母和末尾字母。

■ 第52（低地）步兵师臂章。盾徽中的白色十字为苏格兰的守护圣人圣安德烈殉道时所用的 X 形十字架。"Mountain" 则代表该师在1942年5月开始接受山地部队训练并成为山地师。

■ 上图为第59（斯塔福德郡）步兵师臂章。黑色煤渣堆和红色矿坑象征着斯塔福德郡丰富的煤矿资源。

■ 左上图为第53（威尔士）步兵师臂章。字母 W 代表该师的大部分部队的征兵地为威尔士。

■ 左图为第115步兵旅臂章。1945年初，该旅被调入第21集团军群，随即采用第21集团军群徽标中的双剑图案。

■ 下两图为第56步兵旅臂章。埃及"狮身人面像图案也被用于该旅麾下三个营的帽徽——南威尔士边民团第2营、格洛斯特团第2营和埃塞克斯团第2营。

■ 英国第21集团军群总司令蒙哥马利与美国第1集团军司令奥马尔 · 布莱德利（Omar Bradley）在一起。此时，蒙哥马利元帅在作战服上佩戴了第21集团军群臂章。他戴着一顶黑色的装甲兵贝雷帽（见图中实物），上有一枚皇家坦克团金属帽徽和一枚织绣的元帅帽徽。

■ 上图为1945年3月22日,英国第21集团军群在一处德国小镇与第2战术航空兵举行了一次空地协调行动会议。图为蒙哥马利元帅(左一)与第2战术航空兵司令亚瑟 · 科宁厄姆将军(Sir Arthur Coningham,中)和第2集团军司令米莱斯 · 邓普西将军(Miles Dempsey,右一)在一起交谈。蒙哥马利元帅佩戴着第21集团军群司令部臂章,而邓普西将军则佩戴着第2集团军臂章。

■ 图为英国第21集团军群麾下某比利时军队运输连的中士,他佩戴着一枚第21集团军群司令部直属部队臂章,下方则是一枚皇家陆军勤务部队色标,上方为一枚翻转90°的比利时国旗色标。

■ 图这名中士同样为一名比利时士兵(第1010运输连),他佩戴着一枚黄底的第21集团军群后方联络线部队臂章。这枚臂章之上,则佩戴着一枚横置的比利时国旗色标。

■ 1944年秋天，两名直属于第21集团军群司令部的女性本土服务辅助部队成员，在比利时首都布鲁塞尔街头购买鲜花。可以看到右侧这名英军女性辅助人员佩戴了一枚第21集团军群司令部臂章。

■ 上图为1945年秋天，第1军所属皇家陆军勤务部队的欧内斯特·考利准下士（Ernest Cowley）从一名上尉手中接过退伍通知书，从而成为第1军第一位在战争结束后退伍的军人。考利准下士和上尉都佩戴了第1军臂章。

■ 下图为1944年10月13日，乔治六世（中央）与第12军军长里奇中将（右）来到奈梅亨附近视察第12军军部。里奇中将等第12军成员都佩戴着12军臂章。

■ 上图为1944年7月19日，第8军的几名宪兵在一个诺曼底村庄内吃早餐。照片中可以依稀看到两名宪兵在作战服袖子上佩戴了第8军臂章。

■ 下图为1944年6月6日，第30军军长杰拉德·巴克纳尔中将（Gerald Bucknall）站在一艘驱逐舰的甲板上，密切注视着部队在"金"海滩上登陆。他佩戴了一枚第30军的"野猪"臂章。

■ 上图为1944年6月17日，第2集团军司令部的一些士兵正在为一场在英国国内举行的德比赛马（Epsom Derby）下注。照片中这些士兵都佩戴着第2集团军臂章。

■ 下图为1944年9月7日，第30军军部的一些士兵在比利时首都布鲁塞尔的一家咖啡馆里喝下午茶。他们都佩戴着第30军臂章。

■ 左图为1944年9月8日，蒙哥马利元帅与第30军军长布里安·霍罗克斯中将（Brian Horrocks，左）、荷兰贝恩哈特亲王（Prince Bernhard, 右）一起研究作战形势地图。西北欧战役期间，贝恩哈特亲王负责指挥蒙哥马利麾下的所有荷兰部队。霍罗克斯中将此时在右袖佩戴了一枚图形并未摆正的第30军臂章。1944年8月，第30军因在之前的一系列战役中表现不力，巴克纳尔中将被霍罗克斯取代，前者随后在1944年11月被任命为英军北爱尔兰司令部司令。

■ 下图为战后在布鲁塞尔举行的一次胜利阅兵活动中，比利时布鲁塞尔市长向英军禁卫装甲师的仪仗队授旗。照片中这些依仗兵都佩戴着禁卫装甲师臂章。

■ 1944年10月荷兰前线某地，来复枪旅第1营的一名士兵正将一枚第7装甲师师徽缝缝上衣袖。在非战时驻军时，这种工作往往由部队的裁缝负责，在前线作战时则需要士兵亲自动手，而这种工作通常是在领到新作战服时进行。

■ 上图为1944年10月荷兰某地前线，第11装甲师的蒙茅斯郡团第3营的一个2英寸迫击炮小组正准备向德军开火。

■ 下图为1944年6月29日，在"赛马"行动期间，第29装甲旅的来复枪旅第8（摩托化）步兵营的一辆半履带车和一些步兵在就地挖掘的散兵坑内休息。

■ 上图为1944年7月9日在卡昂郊外，一些英国第59步兵师的士兵在一个散兵坑内休息，可以看到多人佩戴了该师的师徽臂章。

■ 下图为1944年8月1日在法国贝桑地区维安镇（Vienne–en–Bessin）郊外，两名英国第59步兵师的中士正在展示多款德军反坦克武器，其中包括一具"坦克噩梦"火箭筒、一具"铁拳"火箭筒、两枚盘形反坦克地雷、一枚24型木柄手榴弹、一颗卵形手榴弹和一枚跳雷。右侧这名中士佩戴了第59步兵师臂章。

■ 左图为1944年10月30日，蒙哥马利元帅在第79装甲师师部与一些军官查看一些德国V-2导弹残骸。左一为第79装甲师师长佩西·霍巴特少将（Percy Hobart），他和其他几名军官都佩戴着第79装甲师的"牛头"臂章。

■ 下图为1944年4月，乔治六世国王视察第33陆军坦克旅所属皇家装甲部队第144团时，与该团的一名皇家电子和机械工程兵部队成员对话。这名士兵佩戴了第33陆军坦克旅的臂章。

■ 上图为4名大本营联络团成员的合影。这4人都佩戴了该团的字母 P 臂章。

■ 左图为两名大本营联络团的士兵在一辆汽车旁研究地图，汇总情报信息。

军衔标志

军官

英军少尉以上军官（含少尉）的军衔因是"皇家法令"（Royal decree）授予的，因此被列为"受委任的军官"（Commissioned Officer）。根据英军传统，从准将至元帅的四级军官都不属于某一特定的兵种或勤务部队，他们都被列为英军的幕僚团（Staff Corps），其特定的军衔标志的颜色为红色，并在制服上佩戴一条红色的袖标。这些军官也拥有特属于其军衔的帽徽和领章。本书后面所介绍的其他衔级军官的军衔标志都选例为红色的步兵军官军衔标志。

■ 1944年11月25日荷兰某地，第21集团军总司令蒙哥马利元帅视察了第43步兵师师部。左图为蒙哥马利与该师师长伊沃尔·托马斯少将（Ivor Thomas，右二）以及部分师部军官一起合影。照片中的两名准将（军官A和B）都戴着英军条例所规定准将可以在战场上使用的常服帽，且2人都在作战服上衣衣领上佩戴了领章。其余军官则带着卡其色贝雷帽、"塔姆奥"圆帽或通用便帽。这些军官的作战服上衣要么为私人定制的（如军官A），要么是将制式作战服上衣衣领修改为翻领（如军官B）。

军官学员

军官学员应在军官预备训练队（Officer Candidate Training Units）接受培训。英国陆军各兵种和勤务部队都有一支或数支这类训练单位。军官学员在部队中与其他官兵的区别在于他们佩戴了一副易拆装的白色肩带和白色的徽标底布，当他们身着出行服时，如果搭配野战便帽时，则需要在帽子上缠一圈棉质布条。

A

注：根据规定，除禁卫军军官外，英军作战服上衣不允许佩戴金属军衔标志，应佩戴织绣或印染款军衔标志。但是，各级准尉、军士长和连军需上士则可以在作战服上佩戴金属军衔标志，前提是金属军衔标志需首先安装在一块布料之上，再缝在上衣袖子上。

英国陆军的军官衔级			
衔级		指挥部队级别	
将官	元帅	集团军群	A
	上将	集团军	A
	中将	军	A
	少将	师	A
高级军官	准将	旅	A
	上校	参谋、医疗军官（皇家陆军医疗队）	A
野战军官	中校	营或团（皇家装甲部队）指挥官、战地指挥官	A
	少校	连长、中队长、（营、团）副指挥官	A
	上尉	（连、中队）副指挥官（迫击炮排长或担架排排长）	A
下级军官	中尉	排长（步兵）或分队长（皇家装甲部队、皇家炮兵部队）	A
	少尉	排长（步兵）或分队长（皇家装甲部队、皇家炮兵部队）	A

※ A指军衔标志在作战服上的佩戴位置（见右上小图示意）。

军官军衔标志　（佩戴在作战服上衣肩带上的织绣版本肩章徽标）

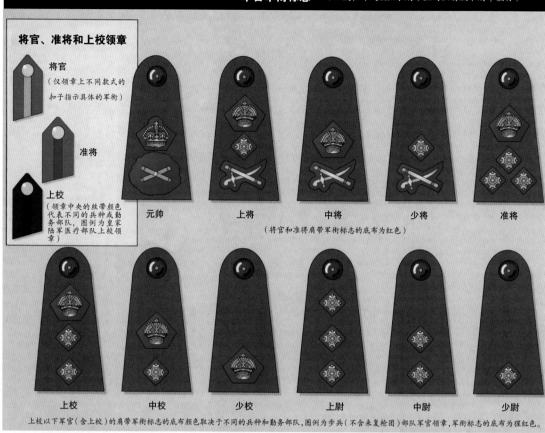

将官、准将和上校领章

将官
（仅领章上不同款式的扣子指示具体的军衔）

准将

上校
（领章中央的丝带颜色代表不同的兵种或勤务部队，图例为皇家陆军医疗部队上校领章）

元帅　　上将　　中将　　少将　　准将

（将官和准将肩带军衔标志的底布为红色）

上校　　中校　　少校　　上尉　　中尉　　少尉

上校以下军官（含上校）的肩带军衔标志的底布颜色取决于不同的兵种和勤务部队，图例为步兵（不含来复枪团）部队军官领章，军衔标志的底布为猩红色。

兵种与勤务部队军官肩带军衔标志的颜色

红色
将官、皇家炮兵部队、宪兵部队、皇家军械部队和工兵部队

猩红色
除来复枪团部队外的所有步兵体系部队

紫色
皇家陆军牧师部

暗樱桃红色
皇家陆军医疗部队

黄色（桔黄）
皇家装甲部队、皇家陆军勤务部队和皇家陆军薪水部队

蓝色
皇家工程兵部队和皇家通讯部队

绿色
侦察部队、陆军牙科部队和情报部队

黑色
陆军体育训练部队

来复枪绿色（rifle green）
来复枪部队

红色和黑色
国王皇家来复枪军团

黄色（柠檬黄）
陆军餐饮部队

浅蓝色
陆军航空队、滑翔机飞行员、伞兵团和陆军教育部队

王室骑兵团和步兵禁卫团肩带金属军衔标志

为避免受损，王室骑兵团和步兵禁卫团的军官在肩带上佩戴金属军衔标志。

王室骑兵团、皇家骑兵禁卫团、掷弹兵禁卫团、寒溪禁卫团和威尔士禁卫团

苏格兰禁卫团　　爱尔兰禁卫团

英国陆军准尉与军士军衔标志

一级准尉衔参谋军士长
（Staff Sergeant Major）

一级准尉
（Warrant Officer Class I）

二级准尉
（Warrant Officer Class II）

三级准尉
（Warrant Officer Class III）

上士
（Staff Sergeant）

中士
（Sergeant）

下士
（Corporal）

准下士
（Lance Corporal）

准尉与其他衔级士兵

英国陆军的准尉的地位介于军官与士兵之间，其授权书由英国陆军部颁发。

在英军的一些文件中，OF指代军官（Officers）；OR则代表其他衔级士兵（Other ranks），这其中便包括了准尉、军士和普通士兵。

普通士兵在不同属性部队中的称法如下：

步兵团（除来复枪团和燧发枪手团外）、伞兵团和其他部队——士兵（Private）；

步兵禁卫团——卫兵（Guardsman）；

来复枪团——来福枪手（Rifleman）；

燧发枪手团——燧发枪手（Fusilier）；

骑兵团、装甲部队——骑兵（Trooper）；

炮兵部队——炮手（Gunner）；

工兵部队——工兵（Sapper）；

通讯部队——通讯兵（Signalman）；

皇家陆军勤务部队——驾驶员（Driver）。

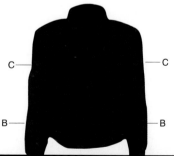

英国陆军准尉与军士衔级

	衔级	职务（举例说明）	佩戴位置
军士	一级准尉	参谋军士长、驻军军士长（Garrison Sergeant Major）、皇家陆军军械部队指挥（Conductor）以及皇家炮兵部队的一级和二级炮术大师（Master gunner 1st, 2nd Class）。	B
	一级准尉	团军士长（Regimental Sergeant Major）	B
	二级准尉	连军士长（Company Sergeant Major）、团军需军士长（Regimental Quarter Master Sergeant）	B
	三级准尉	排军士长（Platoon Sergeant Major）	B
	上士	连军需军士长（Company Quarter Master Sergeant）	C
	中士	副排长或皇家装甲部队的小队副指挥官，或准中士（Lance Sergeant）：代理中士	C
	下士	步兵班班长，炮班班长、坦克车长	C
	准下士	布伦轻机枪小组指挥官，2英寸迫击炮小组指挥官	C

■ 上图为在丘吉尔某次视察部队时，一名二级准尉衔连军士长向其赠送礼物。

■ 下图为二战结束后不久，第1军军部的两名宪兵正在查看从德国民间收缴上来的枪支。左侧为一名一级准尉衔团军士长。右侧的上士则正在查看一支安装了枪托的毛瑟自动手枪。

■ 一名第21集团军群后方联络线部队的一级准尉衔团军士长与一名本土服务辅助部队的女性成员,在德国哥廷根(Gottingen)的一个图书馆里挑选图书。

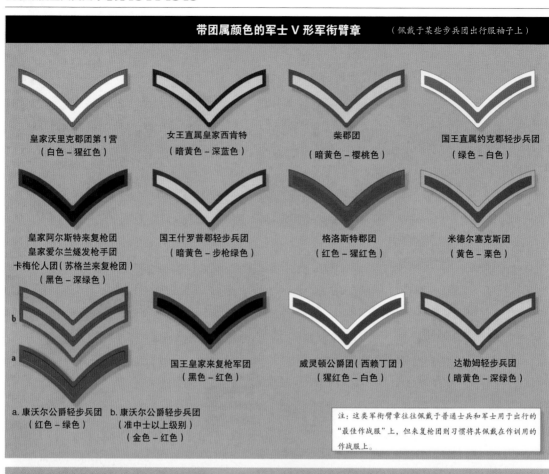

带团属颜色的军士 V 形军衔臂章　（佩戴于某些步兵团出行服袖子上）

皇家沃里克郡团第1营
（白色－猩红色）

女王直属皇家西肯特
（暗黄色－深蓝色）

柴郡团
（暗黄色－樱桃色）

国王直属约克郡轻步兵团
（绿色－白色）

皇家阿尔斯特来复枪团
皇家爱尔兰燧发枪手团
卡梅伦人团（苏格兰来复枪团）
（黑色－深绿色）

国王什罗普郡轻步兵团
（暗黄色－步枪绿色）

格洛斯特郡团
（红色－猩红色）

米德尔塞克斯团
（黄色－栗色）

a. 康沃尔公爵轻步兵团　b. 康沃尔公爵轻步兵团
（红色－绿色）　　　　　（准中士以上级别）
　　　　　　　　　　　（金色－红色）

国王皇家来复枪军团
（黑色－红色）

威灵顿公爵团（西赖丁团）
（猩红色－白色）

达勒姆轻步兵团
（暗黄色－深绿色）

> 注：这类军衔臂章往往佩戴于普通士兵和军士用于出行的"最佳作战服"上，但来复枪团则习惯将其佩戴在作训用的作战服上。

■ 1944年8月底法国诺曼底，蒙哥马利元帅正在表彰第6空降师所属皇家阿尔斯特来复枪团第1营的一名上士。这名上士在作战服上衣袖子上佩戴了一组缝制在深绿色底布上的黑色 V 形上士臂章。

装甲骑兵团准尉、中士与下士搭配军衔标志佩戴的团徽

第4/7龙骑兵禁卫团

第5皇家恩尼斯基林龙骑兵禁卫团

第1皇家龙骑兵团

皇家苏格兰灰马骑兵团（第2龙骑兵团）

第8国王皇家爱尔兰轻骑兵团

第11轻骑兵团

第13/18轻骑兵团

第15/19国王皇家轻骑兵团

第24枪骑兵团

第3/4伦敦郡义勇骑兵团

装甲骑兵团军衔臂章与团徽的佩戴位置

● 准尉
右衣袖，军衔臂章下方。

● 中士
右衣袖。

团徽戴在军衔臂章上的部队
第4/7龙骑卫团、第1皇家龙骑卫团、皇家苏格兰灰马骑兵团和第11轻骑兵团。

团徽戴在军衔臂章位置上方的部队
第5皇家恩尼斯基林龙骑兵禁卫团、第8国王皇家爱尔兰轻骑兵团、第13/18轻骑兵团、第15/19国王皇家轻骑兵团、第24枪骑兵团和第3/4伦敦郡义勇骑兵团。

● 下士
右衣袖。

团徽戴在军衔臂章上的部队
第1皇家龙骑兵团、第8国王皇家爱尔兰轻骑兵团、第13/18轻骑兵团、第15/19国王皇家轻骑兵团和第24枪骑兵队。

■ 1945年荷兰某地，蒙哥马利元帅正在向一名来自第11轻骑兵团的中士颁发勋章。这名中士在其军衔臂章上方佩戴了一枚十分显眼的大型制式金属团徽。事实上根据要求，他应该压着军衔臂章佩戴一枚小型的团徽。

皇家装甲部队中士与下士军衔臂章所搭配的团徽　（对上述表格进一步阐明）

团 名	团徽形制	底布颜色	佩戴者
第4/7龙骑兵禁卫团	帽徽 *	黑色圆圈	中士
第5皇家恩尼斯基林龙骑卫团	汉诺威白马团徽	深绿	中士
第1皇家龙骑兵	皇冠与狮子团徽	黑色	下士
皇家苏格兰灰马骑兵团	帽徽 *	深蓝	中士
第8国王皇家爱尔兰轻骑兵团	帽徽 *	翠绿色	下士
第11轻骑兵团	帽徽 *		中士
第13/18皇家轻骑兵团	玛丽女王花押字团徽		下士
第15/19国王皇家轻骑兵团	皇冠与狮子团徽	红色	下士
第24枪骑兵团	帽徽 *	灰色／蓝色	下士
第3/4伦敦郡义勇骑兵团	帽徽 *	绿色	中士
* 同帽徽的标志一样			

■ 第11轻骑兵中士军衔臂章与团徽。

■ 第15/19国王皇家轻骑兵团中士军衔臂章与团徽。

■ 皇家工程兵部队中士军衔臂章与兵种徽标。

■ 皇家炮兵部队中士军衔臂章与兵种徽标。

兵种色标

英军各兵种与勤务部队采用各自传统颜色的布质兵种色标，佩戴在作战服和大衣的两条袖子之上。

这种兵种色标起用于1940年9月，后在1943年进行了一些改变。但是某些特殊的部队，王室骑兵团、步兵禁卫团和空降兵部队，则没有使用兵种色标：空降兵部队在部队臂章下方佩戴了一枚带"AIRBORNE"（空降兵）的袖标取代了传统的兵种色标。

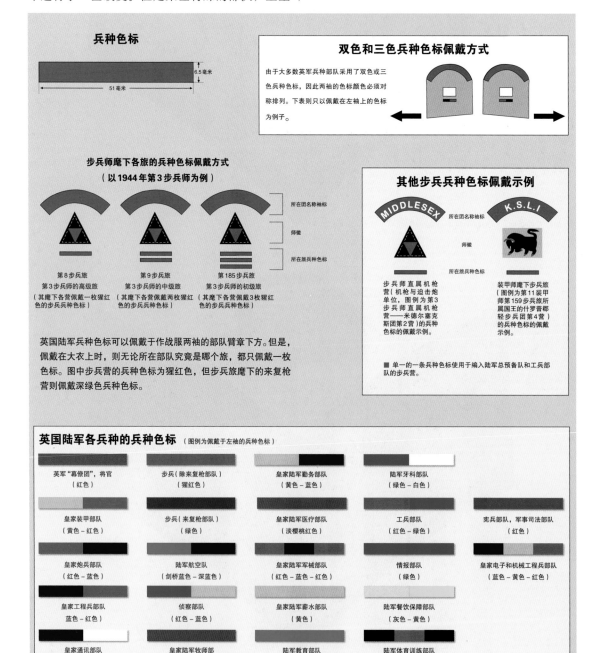

兵种色标

6.5毫米
51毫米

双色和三色兵种色标佩戴方式

由于大多数英军兵种部队采用了双色或三色兵种色标，因此两袖的色标颜色必须对称排列。下表则只以佩戴在左袖上的色标为例子。

步兵师麾下各旅的兵种色标佩戴方式
（以1944年第3步兵师为例）

所在团名称袖标
师徽
所在旅兵种色标

第8步兵旅
第3步兵师的高级旅
（其麾下各营佩戴一枚猩红色的步兵兵种色标）

第9步兵旅
第3步兵师的中级旅
（其麾下各营佩戴两枚猩红色的步兵兵种色标）

第185步兵旅
第3步兵师的初级旅
（其麾下各营佩戴3枚猩红色的步兵兵种色标）

英国陆军兵种色标可以佩戴于作战服两袖的部队臂章下方。但是，佩戴在大衣上时，则无论所在部队究竟是哪个旅，都只佩戴一枚色标。图中步兵营的兵种色标为猩红色，但步兵旅麾下的来复枪营则佩戴深绿色兵种色标。

其他步兵兵种色标佩戴示例

MIDDLESEX
所在团名称袖标
师徽
所在旅兵种色标

步兵师直属机枪营（机枪与迫击炮单位，图例为第3步兵师直属机枪营——米德尔塞克斯团第2营）的兵种色标的佩戴示例。

K.S.L.I

装甲师麾下步兵旅（图例为第11装甲师第159步兵旅所属国王的什罗普郡轻步兵团第4营）的兵种色标的佩戴示例。

■ 单一的一条兵种色标使用于编入陆军总预备队和工兵部队的步兵营。

英国陆军各兵种的兵种色标　（图例为佩戴于左袖的兵种色标）

英军"幕僚团"，将官
（红色）

步兵（除来复枪部队）
（猩红色）

皇家陆军勤务部队
（黄色－蓝色）

陆军牙科部队
（绿色－白色）

皇家装甲部队
（黄色－红色）

步兵（来复枪部队）
（绿色）

皇家陆军医疗部队
（淡樱桃红色）

工兵部队
（红色－绿色）

宪兵部队，军事司法部队
（红色）

皇家炮兵部队
（红色－蓝色）

陆军航空队
（剑桥蓝色－深蓝色）

皇家陆军军械部队
（红色－蓝色－红色）

情报部队
（绿色）

皇家电子和机械工程兵部队
（蓝色－黄色－红色）

皇家工程兵部队
（蓝色－红色）

侦察部队
（红色－蓝色）

皇家陆军薪水部队
（黄色）

陆军餐饮保障部队
（灰色－黄色）

皇家通讯部队
（蓝色－白色）

皇家陆军牧师部
（红色－蓝色）

陆军教育部队
（剑桥蓝色）

陆军体育训练部队
（黑色－红色－黑色）

■ 上图为第3步兵师第185步兵旅的皇家沃尔维克郡团第2营的一名中士。可以看到他在第3步兵师师徽下方佩戴了三枚代表第185步兵旅的猩红色兵种色标。

■ 右图为一件第3步兵师第8步兵旅麾下南兰开夏郡团第1营的作战服袖标展示。这件中士作战服上也只佩戴了一条代表第8步兵旅的猩红色兵种色标。

■ 上图为1945年4月6日，第3步兵师第9步兵旅麾下的皇家阿尔斯特来复枪团第1营的士兵行走在德国西部的一个小镇里。面向镜头的这名准下士在第3步兵师师徽下方佩戴了2条深绿色的兵种色标。另外，他佩戴了彩色 V 形军衔臂章（深绿色底布和黑色缎带）。

■ 左图为一件第3步兵师第9步兵旅皇家阿尔斯特来复枪团第1营的中士制服袖标展示。师徽下方为两枚代表第9步兵旅的深绿色来复枪部队兵种色标。

■ 下图为1944年夏天，蒙哥马利元帅向皇家阿尔斯特来复枪团第1营的连军需军士长 W·J·沙凯上士（W.J. Sharkey）颁发优异行为勋章（Distinguished Conduct Medal）。沙凯上士同样佩戴着两枚深绿色的来复枪部队兵种色标和彩色 V 形军衔臂章。

飞行翼章和资质章

	名称	士兵	军士	准尉	军官	备注
1	空中观察哨飞行员翼章	R	A	A	A	陆军航空队（1942年采用）、轻型飞机和滑翔机飞行员。
2	皇家炮兵空中观察哨飞行员翼章	NR	A	A	A	空中观察哨飞行员证章的非制式徽章。
3	滑翔机飞行员翼章	R	A	A	A	滑翔机飞行员团，1942年采用。
4	滑翔机副驾驶翼章	NR	A	A	A	滑翔机飞行员团，1944年8月采用。
5	伞兵翼章	R	B	B	B	完成7次全副武装伞降训练后授予，1940年采用。
6	特别空勤团伞兵翼章	NR	A	A	A	授予条件与伞兵证章一致，1946年采用。
7	伞兵资质章	R	C	C	C	完成3枚气球跳伞授予，空降兵或特别空勤团之外人员，1942年采用。
8	滑翔机机降部队证章	R	C	C	C	完成训练授予。
9	体能训练教练资质章	R		B/E	C/D	
10	武器训练教练	R	D	B/E	C/D	
	步枪优秀射手资质章	R	D	D	D	
11	装甲车辆司机资质章	R	B			佩戴于皇家团课团成员的"坦克"袖标之上。
12	司机、驾驶教练资质章	R				1927年采用。
12a	司机、驾驶教练资质章	NR				
13	摩托传令兵资质章	NR	D			各兵种和勤务部队的摩托车传令兵皆可以佩戴。
14	登陆艇舵手、水陆两栖车辆司机、小型舰船船长资质章	NR	C	C		由皇家陆军勤务部队成员佩戴。
15	布伦机枪载车驾驶员	NR	D			
16	通讯兵教练，	R		B/E	C/D	由皇家通信部队佩戴。
	资深通讯兵资质章	R	D			
17	步兵营无线电员资质章	R	B	B	C	资质章内红圈代表无线电技工；蓝圈代表线路架设员；黄圈代表电传打字机技工，这款资质章采用于1941年。
18	机械师、装配工、枪匠资质章	R	B	B		
19	拆弹员资质章	R	D	D	D	D	1940年采用。
20	消防员资质章		B/E	B/E	B/E		1942年采用。
21	刘易斯机枪手资质章	R	B			1917年采用。
22	布伦机枪手资质章	NR	D	D		
23	反坦克炮炮手资质章	NR	D			
24						1944年采用，授予A类/B类/C类（或D类）职业技术人员，包括文书、打字员、面包师、仓库保管员、鞋匠等。
25	职业技术人员资质章	O	D	B/E		
26						
27	乐队成员资质章	O	B	B	C	乐队指挥佩戴一款大型章。
28	号手资质章	O	B	B	C	由轻步兵团和步枪团中的法国圆号手佩戴。
29	鼓手资质章	O	B	B	C	
30	风笛手资质章	O	B	B	B	由苏格兰团和爱尔兰团的风笛手佩戴

说明

R: 制式

NR: 非制式

A、B、C、D、E、B/E 和 C/D 指代上述飞行证章与资质章在作战服上衣上的佩戴位置。

士官 V 形军衔臂章

B/E　　　C/D

士官和准尉的资质章佩戴在军衔标志的上方

准尉军衔标志
（佩戴在下袖）

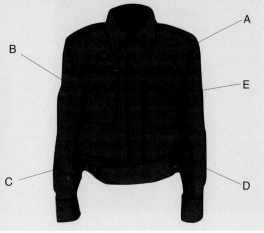

A

B

E

C

D

■ 皇家炮兵部队空中观察哨飞行员翼章。

■ 空中观察哨飞行员、滑翔机飞行员翼章。

■ 滑翔机飞行员第二款翼章。

■ 滑翔机飞行员翼章。

■ 上图为特别空勤团伞兵翼章。

■ 左图为伞兵翼章。

■ 伞兵资质章。

■ 滑翔机机降部队资质章。

■ 体育训练教练资质章。

■ 装甲车辆驾驶员资质章。

■ 武器训练教练、步枪优秀射手资质章。

■ 驾驶员、驾驶员教练资质章。

■ 摩托车手传令兵资质章。

■ 驾驶员、驾驶员教练资质章。

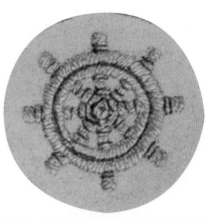

■ 布伦机枪载车驾驶员资质章。

■ 登陆艇舵手、水陆两栖车辆驾驶员和小型舰船船长资质章。

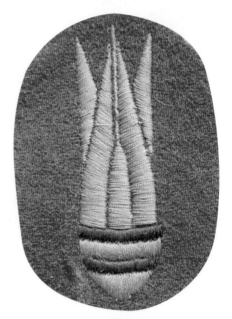

■ 拆弹员资质章。

■ 通讯兵教练、资深通讯兵资质章。

■ 步兵营无线电员（无线电技师）资质章。

■ 机械师、装配员和枪匠资质章。

■ 刘易斯.机枪手资质章。

■ 布伦机枪手资质章。

■ 反坦克炮手资质章。

■ 消防队员资质章。

■ 职业技术人员资质章。上图
为 A 类资质章，左图为 B 类资
质章，右图为 D 类资质章。

■ 乐队成员资质章。

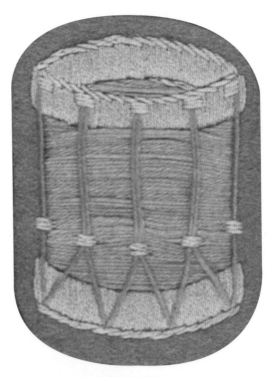

■ 鼓手资质章。

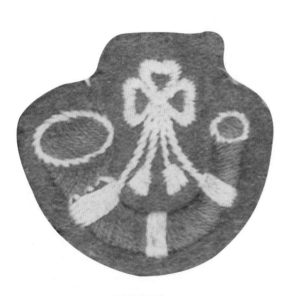

■ 号手资质章。

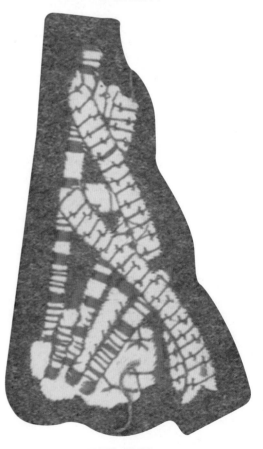

■ 风笛手资质章。

团属色标

除一些苏格兰团选择其传统的格子呢布块作为团徽，以取代团名称袖标外，英军为促进"军团的团队精神"（esprit de corps），并作为各营的区别标志，而设立了团属色标（Regimental flashes 或 Regimental colours）。

对于团属色标，英军仅仅对其尺寸做了规定：不得超过3×3英寸，同时要求不应在色标上增加过于复杂的图案设计。这种几何外形的布质徽标通常为剪裁的彩色布料或采用机绣制作而成。

通常，英军的团属色标应佩戴在兵种色标的下方，同时也可以涂抹在头盔上，个别部队也允许作为帽徽的底布搭配非执勤时佩戴的帽子。

皇家装甲部队中的骑兵部队团属色标

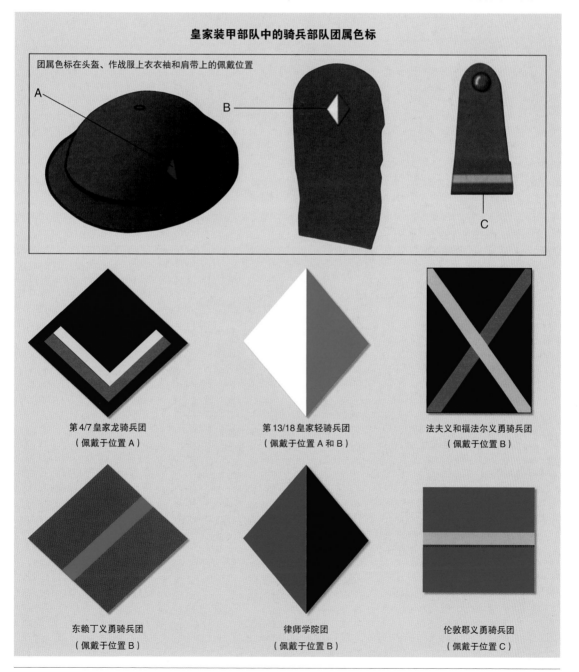

团属色标在头盔、作战服上衣衣袖和肩带上的佩戴位置

第4/7皇家龙骑兵团
（佩戴于位置 A）

第13/18皇家轻骑兵团
（佩戴于位置 A 和 B）

法夫义和福法尔义勇骑兵团
（佩戴于位置 B）

东赖丁义勇骑兵团
（佩戴于位置 B）

律师学院团
（佩戴于位置 B）

伦敦郡义勇骑兵团
（佩戴于位置 C）

■ 上图为1944年夏天诺曼底前线某地，第13/18皇家轻骑兵团的一个"谢尔曼"坦克车组在坦克旁休息。两名士兵在其丁尼布套装的袖子上佩戴了该团的白色和蓝色相间的团属色标，同时在装甲兵头盔上涂了这款色标。

■ 下图同样拍摄于1944年夏天的诺曼底某地，第13/18皇家轻骑兵团的一群士兵在分发给养，照片右起第二名士兵的装甲兵头盔的侧面同样有该团白色－淡蓝色相间的菱形团属色标。

■ 上图为1944年6月2日，在第13/18皇家轻骑兵团开赴波斯特港(Gosport)准备参加诺曼底登陆期间，一名英国少女为该团的一个"谢尔曼"坦克车组送来了新鲜的牛奶。可以看到伸手接牛奶的一名士兵在装甲兵连体服上佩戴了一枚该团的团属色标。

■ 下图为1941年3月25日，法夫义和福法尔义勇骑兵团第2营C中队的一个 Mk 4型轻型坦克车组，在训练途中得到了两名北爱尔兰妇女款待下午茶。可以看到坐在炮塔指挥塔上的一名装甲兵佩戴了一枚该团的团属色标。

■ 上图为1944年夏天诺曼底前线，东赖丁义勇骑兵团 C 中队中队长（左一）与另外两名军官在一辆"谢尔曼"坦克前就着作战地图讨论行动。照片中这名少校在作战服上佩戴了一枚该团的团属色标。

■ 右图同样拍摄于1944年夏天的诺曼底前线，在一次行军休息中，东赖丁义勇骑兵团的一些军官围在一起查看作战地图。照片右侧第3名军官在袖子上佩戴了一枚该团的团属色标。

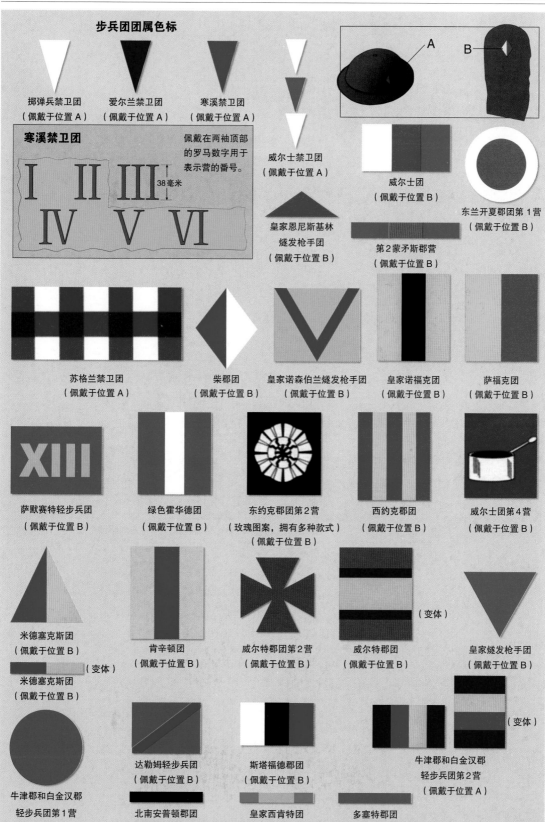

步兵团团属色标

掷弹兵禁卫团
（佩戴于位置 A）

爱尔兰禁卫团
（佩戴于位置 A）

寒溪禁卫团
（佩戴于位置 A）

A

B

寒溪禁卫团

I　II　III
IV　V　VI

38毫米

佩戴在两袖顶部
的罗马数字用于
表示营的番号。

威尔士禁卫团
（佩戴于位置 A）

威尔士团
（佩戴于位置 B）

东兰开夏郡团第 1 营
（佩戴于位置 B）

皇家恩尼斯基林
燧发枪手团
（佩戴于位置 B）

第 2 蒙矛斯郡营
（佩戴于位置 B）

苏格兰禁卫团
（佩戴于位置 A）

柴郡团
（佩戴于位置 B）

皇家诺森伯兰燧发枪手团
（佩戴于位置 B）

皇家诺福克团
（佩戴于位置 B）

萨福克团
（佩戴于位置 B）

XIII

萨默赛特轻步兵团
（佩戴于位置 B）

绿色霍华德团
（佩戴于位置 B）

东约克郡团第 2 营
（玫瑰图案，拥有多种款式）
（佩戴于位置 B）

西约克郡团
（佩戴于位置 B）

威尔士团第 4 营
（佩戴于位置 B）

米德塞克斯团
（佩戴于位置 B）

肯辛顿团
（佩戴于位置 B）

威尔特郡团第 2 营
（佩戴于位置 B）

（变体）

威尔特郡团
（佩戴于位置 B）

皇家燧发枪手团
（佩戴于位置 B）

（变体）

米德塞克斯团
（佩戴于位置 B）

牛津郡和白金汉郡
轻步兵团第 1 营
（佩戴于位置 B）

达勒姆轻步兵团
（佩戴于位置 B）

斯塔福德郡团
（佩戴于位置 B）

（变体）

牛津郡和白金汉郡
轻步兵团第 2 营
（佩戴于位置 A）

北南安普顿郡团
（佩戴于位置 B）

皇家西肯特团
（佩戴于位置 B）

多塞特郡团
（佩戴于位置 B）

■ 上图及左下图为1944年7月19日，诺曼底前线，一些第3步兵师第8步兵旅东约克郡团第2营的士兵借助一座土坡的掩护，躲避德军炮击。照片中的一名中士（见下图）和一名士兵（左二）依稀可以看到在军衔臂章的上方佩戴了东约克郡团的团属色标。

■ 上图为东约克郡团第2营隶属于第3步兵师第8步兵旅时的徽标展示，团属色标位于代表第8步兵旅的猩红色色标的下方。

■ 上图为1944年10月1日比利时前线某地，第49步兵师直属第28机枪营（肯辛顿团第2营）的一个107毫米炮击炮组，正在向德军阵地开炮。照片中可以看到半蹲在地上的下士组长（右一）在师徽下方佩戴了一枚肯辛顿团团属色标。

■ 下图为1944年6月28日，肯辛顿团第2营的几名士兵在"赛马"行动期间在诺曼底的1座村庄里搜寻德军狙击手。右侧第一名士兵在第49步兵师部队徽标下方佩戴了一枚肯辛顿团团属色标。

■ 上图拍摄于 1944 年 12 月的荷兰某地，蒙哥马利元帅正在为第 43 步兵师直属第 28 机枪营（米德塞克斯团第 8 营）的一名中士颁发勋章。照片中他在右袖师徽下方佩戴了一枚褐紫红色与黄色相间的三角形团属于色标；但是因为这是佩戴在右袖上，因此褐紫红色一面面向前方，其左袖则佩戴了一枚与之对称的团属色标。

■ 上图及下图为第3步兵师直属机枪营——米德塞克斯团第2营的一个维克斯重机枪小组（上图）和观测小组。从这两张照片中都可以看到他们佩戴了米德塞克斯团对称的团属色标（见图中实物）。

■ 1945年5月德国某地，蒙哥马利正在为寒溪禁卫团的 E・A・高夫中士（E.A. Gough）颁发勋章。照片中可以看到高夫中士在其部队名称袖标下方佩戴了一个罗马数字 IV 袖标，代表其所在部队为寒溪禁卫团第4营，此时该营为一个摩托化步兵营，隶属于第6禁卫坦克旅（见营徽下方旅徽）。

■ 1944年10月14日，在英军进攻荷兰上洛恩（Overloon）期间，第3步兵师所属萨福克团第1营的两名士兵在一片树林的边缘待命。照片前景处这名士兵没有佩戴第3步兵师师部队袖标，只佩戴了部队名称袖标、团属色标和一枚资历V形臂章。

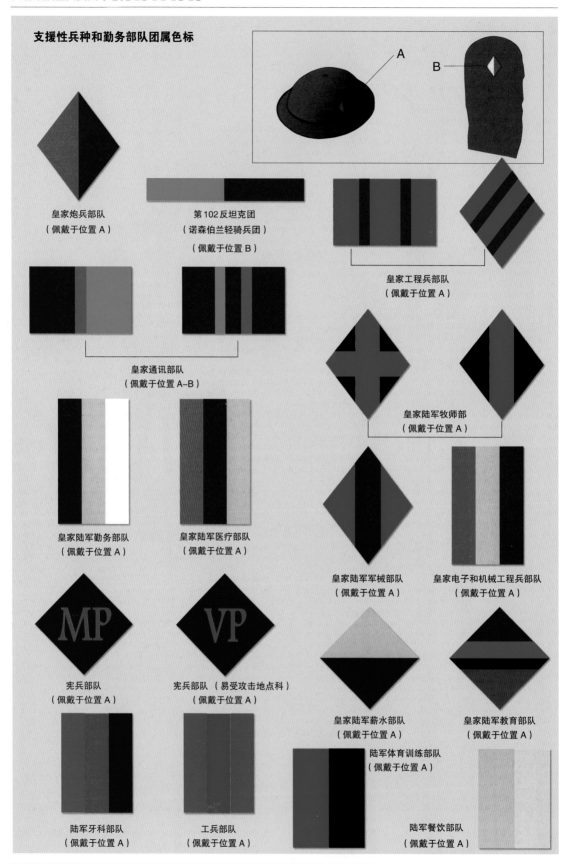

支援性兵种和勤务部队团属色标

A
B

皇家炮兵部队
（佩戴于位置 A）

第 102 反坦克团
（诺森伯兰轻骑兵团）
（佩戴于位置 B）

皇家工程兵部队
（佩戴于位置 A）

皇家通讯部队
（佩戴于位置 A–B）

皇家陆军牧师部
（佩戴于位置 A）

皇家陆军勤务部队
（佩戴于位置 A）

皇家陆军医疗部队
（佩戴于位置 A）

皇家陆军军械部队
（佩戴于位置 A）

皇家电子和机械工程兵部队
（佩戴于位置 A）

宪兵部队
（佩戴于位置 A）

宪兵部队 （易受攻击地点科）
（佩戴于位置 A）

皇家陆军薪水部队
（佩戴于位置 A）

皇家陆军教育部队
（佩戴于位置 A）

陆军牙科部队
（佩戴于位置 A）

工兵部队
（佩戴于位置 A）

陆军体育训练部队
（佩戴于位置 A）

陆军餐饮部队
（佩戴于位置 A）

皇家威尔士燧发枪手团团属色标

实例为1944年8月3日之前的第53（威尔士）步兵师第158步兵旅麾下的皇家威尔士燧发枪手团第4、第6和第7营。

第4营   第6营   第7营

■ 上图为一名第158步兵旅所属皇家威尔士燧发枪手团第4营的医疗兵正在配药。从这张照片中依稀可以看到，其上臂上第158步兵旅的两枚猩红色色标下方有一枚代表皇家威尔士燧发枪手团第4营的猩红色竖条团属色标。

■ 第158步兵师所属皇家威尔士燧发枪团第4营的一名下士证件照。这名下士在第158步兵旅的猩红色色标下佩戴了一枚竖直的皇家威尔士燧发枪团第4营的团属色标。另外，他在肩带上拥有印染的皇家威尔士燧发枪手团的团名缩写，因而没有佩戴部队名称袖标；同时，他在右肩佩戴了一根绳结。

其他袖标

军官与军士服役资历 V 形臂章（佩戴于位置 D）

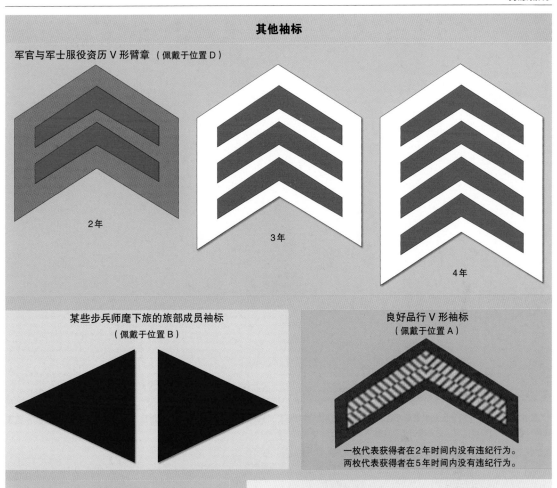

2 年

3 年

4 年

某些步兵师麾下旅的旅部成员袖标
（佩戴于位置 B）

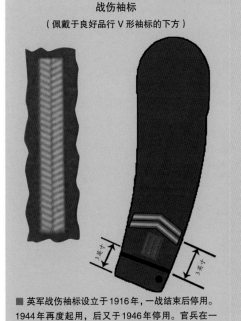

良好品行 V 形袖标
（佩戴于位置 A）

一枚代表获得者在 2 年时间内没有违纪行为。
两枚代表获得者在 5 年时间内没有违纪行为。

战伤袖标
（佩戴于良好品行 V 形袖标的下方）

■ 英军战伤袖标设立于 1916 年，一战结束后停用。
1944 年再度起用，后又于 1946 年停用。官兵在一
战中获得的战伤袖标在二战中佩戴一根红色袖标。
一根代表受伤一次。

部分袖标在作战服衣袖上的佩戴位置

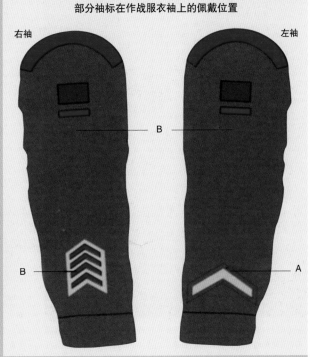

右袖　　　　　左袖

B

B　　　　　　A

■ 战争结束后，英军开始大规模复原军队。上图为一名叫斯蒂维尔（Stilwell）的团军士长在退伍前最后一次检阅自己的士兵。照片中他正在为一名准下士整理仪容。这名准下士在左袖下部佩戴了一根良好品行袖标。

■ 上图为1944年圣诞节期间，荷兰维尔特（Weert）附近，一名英军邮递员背着一个装满邮件的包裹。这名士兵佩戴了两枚良好品行袖标，代表其在5年里都没有违反部队的纪律。

■ 上图为一名英军准下士与自己的妻子吻别。这名准下士佩戴了一枚良好品行袖标。他的妻子为一名本土勤务辅助部队一级准尉衔参谋军士长。

皇家坦克团袖标和彩色肩带套

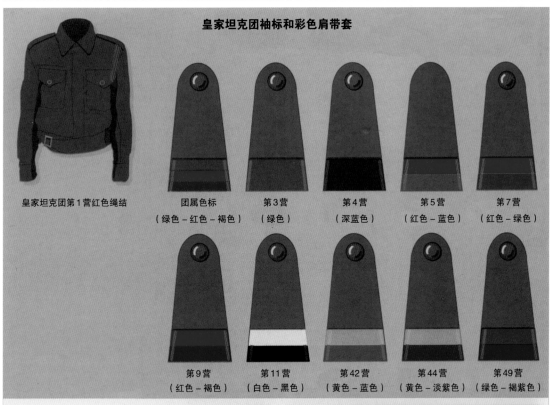

皇家坦克团第1营红色绳结

团属色标
（绿色－红色－褐色）

第3营
（绿色）

第4营
（深蓝色）

第5营
（红色－蓝色）

第7营
（红色－绿色）

第9营
（红色－褐色）

第11营
（白色－黑色）

第42营
（黄色－蓝色）

第44营
（黄色－淡紫色）

第49营
（绿色－褐紫色）

■ 上图为一件第7装甲师所属皇家坦克团第5营的作战服上衣右袖上臂袖标展示，可以看到在中士V形臂章上方为一枚皇家坦克团袖标。另外，肩章带上还佩戴了一枚皇家坦克团第5营肩带套。

■ 上图为一件第79步兵师作战服上衣右袖上臂各类袖标展示，从上往下分别为皇家装甲部队名称袖标、第79装甲师臂章、皇家装甲部队色标、皇家坦克团袖标和下士V形军衔臂章。

■ 英军皇家坦克团袖标设立于1915年，图案为一辆机绣的 Mk I 型坦克图标。这款袖标授予对象为皇家坦克团全体成员，佩戴在右袖肩部与手肘之间、部队名称袖标的下方。另外，威斯特敏斯特龙骑兵团也特许佩戴这款袖标。该营与皇家坦克团渊源可追溯至一战时期，尽管为一支皇家义勇骑兵部队，但其很早便开始装备装甲作战车辆，甚至一度被编为皇家坦克团部队，并在1926年开始与皇家坦克团一起采用黑色贝雷帽。二战中其被编入第79装甲师，装备了"谢尔曼"扫雷坦克。

■ 上图为一件皇家装甲部队1937型作战服上衣，可以看到其搭配了一枚皇家坦克团袖标。

■ 下图为1944年6月28日，几名第31陆军坦克旅所属皇家坦克团第7营的军官与两名步兵军官在一辆"丘吉尔"坦克上讨论战斗中的配合问题。可以看到站在最后的一名军官佩戴了一枚皇家坦克团袖标。

■ 1944年11月荷兰某地，蒙哥马利元帅向皇家坦克团第7营营长查尔斯 · 亚历山大 · 霍丽曼中校（Charles Alexander Holliman）颁发优异服役勋章。霍丽曼中校在肩带上佩戴着红绿相间的肩带套，并且在第7装甲师臂章下方佩戴了一枚皇家坦克团袖标。

■ 1944年6月，诺曼底登陆前，一些第6空降师的伞兵们正在领取24小时应急口粮。依稀可以看到照片中央这名伞兵在右肩佩戴了一根伞兵团绳结。

伞兵团绳结

第1营　第2营　第3营　第4营　第5营

第6空降师肩带套

第7伞兵营（绿色）　第8伞兵营（深蓝色）　第9伞兵营（红色）　第12伞兵营（淡蓝色）　第13伞兵营（黑色）　皇家阿尔斯特来福枪团第1营（深绿色）　牛津郡和白金汉郡轻步兵团第2营（蓝色）

■ 上图为第6空降师所属第12营的一名牧师（上尉）。可以看到他在肩带上佩戴了淡蓝色的约克郡团肩带套。

■ 左图为第6空降师第9营的一名上尉牧师，他佩戴了一枚红色的肩带套。

■ 一名左肩佩戴了一根伞兵团彩色绳结的英军伞兵。

■ 蒙哥马利为第6空降师第7伞兵营的团军士长 G · 约翰逊（G. Johnson）授勋。这名一级准尉在袖子上佩戴了诸多袖标，从下往上分别为一级准尉袖标、空降兵部队兵种袖标、空降兵部队臂章、伞兵翼章和伞兵团名称袖标。另外，他在肩带上佩戴了一枚绿色的第7伞兵营肩带套。

袖箍

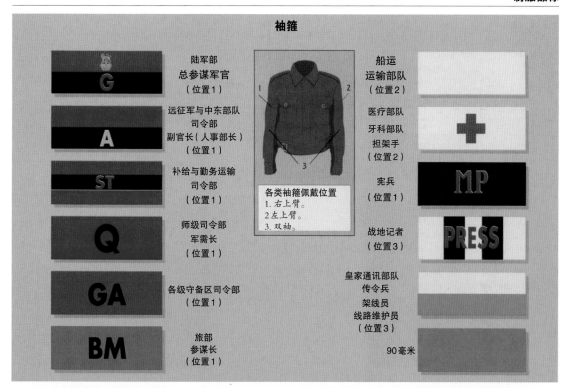

G	陆军部 总参谋军官 （位置1）
A	远征军与中东部队 司令部 副官长（人事部长） （位置1）
ST	补给与勤务运输 司令部 （位置1）
Q	师级司令部 军需长 （位置1）
GA	各级守备区司令部 （位置1）
BM	旅部 参谋长 （位置1）

各类袖箍佩戴位置
1. 右上臂。
2. 左上臂。
3. 双袖。

船运 运输部队 （位置2）	
医疗部队 牙科部队 担架手 （位置2）	✚
宪兵 （位置1）	MP
战地记者 （位置3）	PRESS
皇家通讯部队 传令兵 架线员 线路维护员 （位置3）	
90毫米	

■ 上图为1944年夏天的西北欧战场，一名英军担架手在部队休息时阅读报纸。英军担架手除佩戴红十字袖箍外，也有其专属袖箍——白底布料上印染红色的英文"担架手"（Stretcher Bearer）的首字母缩写"SB"。

部分袖标组合展示

■ 上图为第2集团军直属的皇家诺森伯兰燧发枪手团第4营袖标。皇家诺森伯兰燧发枪手团在二战中共有10个营，绝大多数被改编为师属机枪营或火力支援营。第4营下辖三个独立机枪连，分别被编入禁卫装甲师、第11装甲师和第7装甲师。

■ 上图为第3步兵师第8步兵旅所属东约克郡团第2营袖标。这组袖标中的东约克郡团第2营团属色标玫瑰图案明显不同于前文所展示的那枚。

■ 上图为第5步兵师第17步兵旅麾下的北安普顿郡团第2营袖标。黑色色标代表北安普顿郡团。

■ 上图为第5步兵师所属第17步兵旅的锡福特高地人团第6营袖标。三角形的"麦肯齐"格子呢袖标为该营的营徽。

■ 上图为第5步兵师直属机枪营（柴郡团第7营）的袖标。

■ 上图为第13/18皇家轻骑兵团随第27装甲旅隶属于第79装甲师期间的袖标。1942年9月8日至1943年10月20日，该旅隶属于第79装甲师，随后被调入第9装甲师。该师于1944年7月底被撤编，第13/18皇家轻骑兵团随即加入独立的第8装甲旅。

■ 上图为第4装甲旅所属第3伦敦郡义勇骑兵团袖标。图中的名称袖标——"Sharpshooters"（神枪手），为第3伦敦郡义勇骑兵团的非制式袖标。二战中，英军共有两个伦敦郡义勇骑兵团（第3和第4），这两个团在诺曼底战役中都损失惨重，后于1944年8月1日合并为第3/4伦敦郡义勇骑兵团。

■ 上图为第43步兵师第129步兵旅的萨默塞特轻步兵团第4营袖标。带罗马数字13的绿色团属色标源自该团1881年之前的番号——第13步兵团（13th Regiment of Foot）。

■ 上图为皇家第4/7龙骑兵禁卫团团属色标。该团在1944年2月从第27装甲旅调入第8装甲旅，最后参加了诺曼底战役、法莱斯包围圈战役和"市场－花园"行动。

■ 上图为东赖丁义勇骑兵团团属色标。二战期间英军共有两个东赖丁义勇骑兵团，其中第2团后转型为伞兵团第12营。第1团作为装甲团随第27装甲旅参加诺曼底登陆，后在1944年8月加入第33装甲旅。

■ 上图为第51步兵师第154步兵旅的阿盖尔和萨瑟兰高地人团第7营袖标。

■ 上图为第52步兵师的国王直属苏格兰边民团（第4和第5）营袖标。灰色－黄色兵种色标示意其所有者为编入该部的一名陆军餐饮保障部队的厨师。

■ 上图为第53步兵师第160步兵旅的威尔士团第4营袖标。团属色标中的水瓶图案取自该营主要征兵地——威尔士城市拉内利（Llanelli）——著名的锡质器皿制造业。

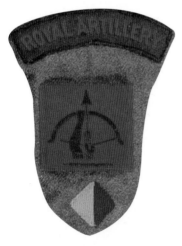

■ 左图为皇家陆军勤务部队空中派送连袖标。这种部队负责空投补给物质的装卸、储存和空投工作。

■ 下图为第49（西赖丁）步兵师直属的第294野战连袖标。该连为皇家工程兵部队，其代号正是48。

■ 上图这组袖标从上往下依次为皇家炮兵部队名称袖标、防空司令部臂章和米德塞克斯团团属色标。米德塞克斯团第9营在1938年转型防空部队——第60探照灯团。1940年，英军防空部队被编入皇家炮兵部队。1942年，第60探照灯团被改组为第126（米德塞克斯团）轻型防空团。1944年10月，该团被调往西北欧战场，被编入第21集团军群第2集团军麾下。

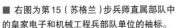

■ 右图为第15（苏格兰）步兵师直属部队中的皇家电子和机械工程兵部队单位的袖标。

英军陆军各类袖标与各类制服搭配					
	作战服上衣	大衣	丁尼布套装	"丹尼森"罩衫	军官常服（驻英国本土）
军衔臂章	X	X	1	2	X
部队名称袖标	X				
部队臂章	X				X
兵种色标	X	3			
团属 或营属色标 （任选其一）	X				
飞行翼章和资质章	X			4	X
良好品行袖标	X				
服役资历 V 型臂章	X				
战伤袖标	X				X
勋表	X				X

1. 不能永久性缝在袖子上。准尉和其他衔级士兵只能将其缝在一个袖箍上，再佩戴在右袖上；军官则将军衔标志佩戴在易拆卸的肩章上。

2. 只允许准尉和其他衔级士兵将其佩戴在右袖上。

3. 任何情况下只允许在每支袖子上佩戴一枚兵种色条。

4. 伞兵、特别空勤团士兵、滑翔机飞行员和副驾驶可以在"丹尼森"罩衫上佩戴飞行翼章和资质章。

■ 上两图为简易拆卸的英军少校军衔肩带套。这种肩章普遍用于搭配军官的丁尼布套装上衣。

■ 下图为1944年5月19日，伊丽莎白王后和长女伊丽莎白公主来到某座机场，视察第6空降师为登陆诺曼底进行的准备工作。照片中与王后交谈的这名下士在"丹尼森"罩衫的右袖上佩戴了一枚军衔臂章，并将伞兵飞行翼章别在军衔臂章的上方。

军用帽装

钢盔

Mk I*、Mk II 和 Mk III 型钢盔

1. Mk I*型钢盔。这是一顶皇家通讯部队的Mk I*型钢盔,侧面涂了皇家通讯部队兵种色标。Mk I*型钢盔是一战英军所使用的Mk I型"布罗迪"(Brodie)钢盔的改良版。和Mk II型钢盔一样,它的衬里由一颗螺丝固定在钢盔内面。

2. Mk II型钢盔。Mk II型钢盔于1938年开始装备英军,曾用于整个二战。漆革衬里由一颗螺丝固定在盔壳顶部,帽檐边缘做了防磁处理,颏带为帆布带和弹簧松紧带或收缩松紧带。

3. Mk III型钢盔。Mk III型钢盔于1943年11月开始生产,在1944年6月"霸王"行动中优先装备于突击部队,衬里和配件与Mk II型钢盔的一样。Mk III型钢盔在二战后被自1945年投产的Mk IV型钢盔所取代,后者有一个可拆卸的衬里,衬里被一颗美式"提升点"(lift the dot)扣件固定在盔壳顶部。颏带的挂耳位置较前几款头盔抬高了约2厘米。

4. 斯塔福德郡团的Mk II型钢盔。

5. 这顶Mk II型钢盔上的深绿色盔壳上印着数字64,代表其属于近卫装甲师的第1独立机枪连——皇家诺森伯兰燧发枪手团第4营第1连。

6. 这顶Mk II型钢盔上白色条纹代表其原属于一个海滩大队。

7. 这顶Mk III型钢盔上面印着达勒姆轻步兵团属色标。

8. 这顶Mk III型钢盔侧面印着皇家威尔士燧发枪手团的团属色标,正面则印着第53步兵师师徽。

9. 这顶Mk III型钢盔,伪装网装点了染色的粗麻布以及绿色、棕色和卡其色的布条。这顶钢盔在1944年8月被遗留在法国厄尔省(Eure)韦尔农镇(Vernon)。

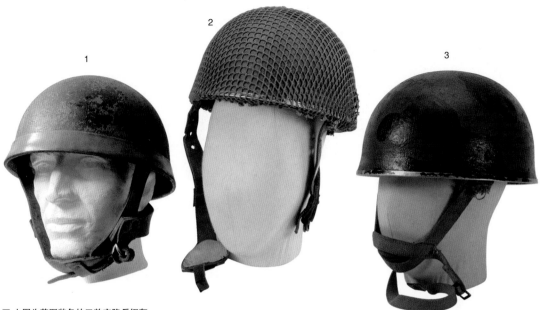

■ 上图为英军装备的三款空降兵钢盔：

1. 第一版空降兵钢盔，下半部边缘环绕了一条25.5毫米宽的纤维带，皮革盔带可用螺钉调节长度，颌带可通过双环"快速接头"带扣调节，此版钢盔于1942年7月生产，用于整个战争。

2. 空降部队 Mk I 型钢盔，自1942年10月开始装备，与第一版空降兵钢盔一同使用于二战，该钢盔帽缘上使用不锈钢圈取代纤维带，颌带则与第一版相似。

3. 空降部队的 Mk II 型钢盔，网带颌带取代了皮革颌带，可用带扣来调节，自1944年2月起装备于英军空降部队。这三种空降部队钢盔所装备的部队包括伞兵和滑翔机机降部队在内的所有空降部队。

■ 上两图是空降部队的钢盔皮革颌带的近视图。左边是第一版钢盔（纤维带型）；右边是 Mk I 型钢盔。

■ 左图为一顶1941年款上漆纤维帆布头盔，衬里使用缎带穿过头盔下缘的孔眼，固定在盔壳上。一体式的耳罩和颌带用铜扣被固定在右侧。该头盔曾装备于皇家通讯部队和宪兵部队的摩托传令兵以及其他兵种和勤务部队的摩托车手。

■ 左图为一顶摩托传令兵 Mk I 型钢盔或 Mk I 型 NO.3 钢盔。与空降部队的钢盔一样，这款钢盔边缘也有一层钢圈。耳罩由位于颈背上方的孔眼和细绳调节，颌带使用针扣扣在耳罩的右侧进行收放。这款钢盔于1943年7月开始装备摩托车部队，逐渐取代了之前的纤维质地头盔。

■ 上图为一顶皇家装甲部队钢盔，为空降部队钢盔的改良版，盔壳边缘包裹的纤维带已经被不锈钢圈所取代，它分为 Mk II 和 Mk III 型两种，Mk II 型颌带为弹簧松紧带，Mk III 型为收缩松紧带颌带。皇家装甲部队钢盔的内衬与"布罗迪"Mk II 型钢盔相似，用一颗螺栓固定在盔壳顶部。1943年3月后，这款钢盔主要装备于皇家装甲部队和装甲侦察部队的装甲车辆乘员。这顶标有苏格兰近卫团属色标的装甲部队钢盔，为该团的一名士兵在1944年8月赠送给一名巴黎人的。

■ 上图左侧为一顶滑翔机飞行员防护头盔，由压缩纤维制成，使用铆钉固定。图为第二版滑翔机飞行员头盔，颇具特色的耳罩可以安装皇家空军标准无线电耳机，可以在行动中保持滑翔机和牵引机之间的联系。右图为模特使用滑翔机飞行员头盔搭配其他飞行装备的套装展示。

■ 上图为1944年6月在英国。这名中士飞行员戴着一顶滑翔机飞行员头盔。一旦滑翔机飞行员坐进滑翔机，绑好安全带后，他会接通无线电并调整好氧气罩，做好飞行的准备。

布帽

搭配作战服佩戴的布制军帽（不包括钢盔）

中校衔军官佩戴的军帽包括：

卡其色贝雷帽
常服帽（Service Dress Cap）
团属传统军帽

中校以下的军官、准尉和普通士兵佩戴的军帽包括：

黑色贝雷帽

1. 皇家装甲部队、王室骑兵团（Household Cavalry）、装甲步兵禁卫团（Armoured Foot Guards）、侦察部队、某些皇家炮兵部队的自行火炮部队和装备装甲车辆的皇家工程兵部队单位。但是，第11轻骑兵团（11th Hussars）和律师学院团（Inns of court）的军官不戴这款帽子。

带樱桃红色镶边的棕色贝雷帽

2. 第11轻骑兵团。

卡其色贝雷帽

3. 装甲师麾下的摩托化步兵营。

栗色贝雷帽

4. 空降兵部队（含各兵种和勤务部队）。

绿色贝雷帽

5. 特别勤务旅（Special Service Brigade）、皇家海军陆战队和陆军突击队。

"塔姆奥"圆帽（Tam O' Shanter）

6. 各苏格兰步兵团。

通用便帽（General service cap）

7. 除第3、4、5和第6条之外的所有步兵部队）；
8. 除1和第4条之外的各兵种和勤务部队。

常服帽

9. 宪兵部队。

注：

A. 在英国，王室骑兵团和步兵禁卫团的人员可以佩戴普通士兵款常服帽。
B. 非第1、2、4、5、6条范围内的军官可以佩戴卡其色贝雷帽。
C. 第15（苏格兰）步兵师全体官兵都佩戴"塔姆奥"圆帽。
D. 虽然自1943年12月以来，英军禁止官兵混搭穿着常服帽和作战服，但是一些中校及中校以下的军官仍然这样搭配。这种搭配习惯主要存在于一些机械化骑兵团中。
E. 特别空勤团在北非作战期间使用沙黄色贝雷帽，但从未得到条例认可，1944年至1945年间的制式军帽仍为栗色贝雷帽。
F. 直到1945年，在合并到皇家装甲部队之前，一些侦察部队仍使用1943年发放给他们的卡其色贝雷帽。

帽子尺寸对照表					
英国尺寸	欧洲大陆尺寸	英国尺寸	欧洲大陆尺寸	英国尺寸	欧洲大陆尺寸
6 1/2	53	6 7/8	56	7 1/4	59
6 5/8	54	7	57	7 3/8	60
6 3/4	55	7 1/8	58	7 1/2	61

野战帽

英国陆军装备生产地标志

英国　加拿大　南非　澳大利亚　新西兰　印度

注：这些标志为英国陆军部授权标记在大多数武器、制服和装备上的官方标志。1944年，英军通常只装备英国生产的单兵装备。

■ 1937年，为了搭配野战服，英军开始装备野战帽。尽管其在1943年被通用便帽取代，但是一些部队，如工兵部队，在1944至1945年间时仍佩戴野战帽。左图这顶帽子便是工兵部队野战帽。

"塔姆奥"圆帽

■ 普通士兵版"塔姆奥"圆帽,带底布的帽徽为高地轻步兵团帽徽。

■ 阿盖尔和萨瑟兰高地人团的一顶军官"塔姆奥"圆帽。

■ 通常,只有带苏格兰传统的步兵单位戴"塔姆奥"圆帽,但第15(苏格兰)步兵师的所有人员都戴这种帽子。上面这张照片摄于1945年的荷兰,两名第15(苏格兰)步兵师的皇家电子和机械工程兵部队成员,都戴着"塔姆奥"圆帽。两人制服上都佩戴了皇家电子和机械工程兵部队帽徽和识别标志。

通用便帽

■ 通用便帽于1943年装备部队。一些爱尔兰部队尤其喜好佩戴左侧这种向左倾斜的标准通用便帽。这顶帽子上缝了一块皇家陆军医疗部队兵种色标,并在其上别了一枚皇家陆军医疗部队帽徽。右侧这顶通用便帽则属于皇家阿尔斯特来复枪团,该团帽徽下方则是其草绿色与深绿色交错的团属色标。

贝雷帽

■ 空降兵部队的栗色贝雷帽（1942 年 7 月采用）。

■ 特别空勤团的沙黄色贝雷帽（非制式）。

■ 皇家装甲部队的黑色贝雷帽（1924 年开始装备皇家坦克团）。

■ 第 11 轻骑兵团专属贝雷帽。

■ 皇家海军陆战队和陆军突击队的绿色贝雷帽（1942 年采用）。

■ 1942 年 10 月采用的卡其色贝雷帽。这顶帽子属于女王皇家团（西萨里团）的一名军官，帽徽为金线刺绣版。

常服帽

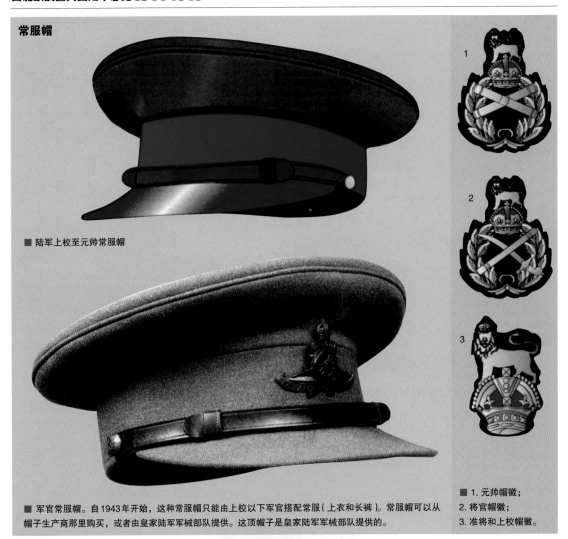

■ 陆军上校至元帅常服帽

■ 军官常服帽。自1943年开始，这种常服帽只能由上校以下军官搭配常服（上衣和长裤）。常服帽可以从帽子生产商那里购买，或者由皇家陆军军械部队提供。这顶帽子是皇家陆军军械部队提供的。

■ 1. 元帅帽徽；
2. 将官帽徽；
3. 准将和上校帽徽。

勤务部队常服帽

■ 宪兵部队常服帽，帽子上覆盖了一个红色帽罩。负责把守关键地点的宪兵单位则使用蓝色帽罩。

彩色野战帽

彩色野战帽的颜色与部队的传统相符，帽型在许多情况下与卡其色野战帽一致。

英军从1937年6月开始采用彩色野战帽，在佩戴要求上灵活，多由上校以下官兵外出佩戴。但是，唯一的特例是，骑兵部队的军官和准尉可以在野战中使用彩色野战帽，如第8国王皇家爱尔兰轻骑兵团的军官和准尉可以在野战中戴"帐篷帽"（Tent hat），律师学院团的军官可以戴带"红魔鬼"刺绣帽徽的黑色贝雷帽，军士和士兵则可以戴带金属帽徽的黑色贝雷帽。

官兵只能自行或使用部队核准的经费购买彩色野战帽。这款野战帽由帽子生产商或部队的裁缝制作。事实上，彩色野战帽并非部队配套发放的制式军帽，因此皇家陆军军械部队并没有订购与发放彩色野战帽的职权。

除了一些款式不需要缝制纽扣外，其他款式的彩色野战帽都需要在帽子前面缝2到3颗纽扣。这类纽扣的款式同样由各部队自行设计，或采用皇室纹章设计的通用纽扣。一些彩色野战帽的帽

■ 1945年5月德国某地，蒙哥马利元帅正在给 M·S· 佩恩中尉（M.S.Payne）佩戴军事十字勋章（Military Cross）。这名来自第8国王皇家爱尔兰轻骑兵团的年轻军官，戴着一顶其所在团用于军官野战佩戴的传统"帐篷帽"。从其佩戴的臂章上看，他曾完成过跳伞训练，因此在第7装甲师臂章上方佩戴了一枚伞兵资质章。在制服上，作为其所在团的特色，其肩带上套了一副小尺寸版易拆装、带部队番号名称（VIII H）的肩章。

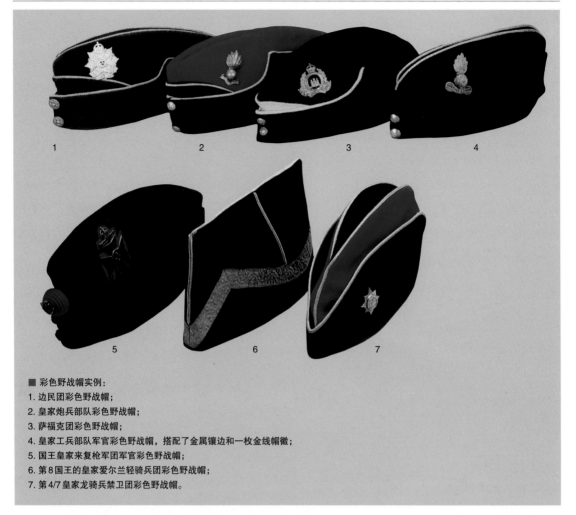

■ 彩色野战帽实例：
1. 边民团彩色野战帽；
2. 皇家炮兵部队彩色野战帽；
3. 萨福克团彩色野战帽；
4. 皇家工兵部队军官彩色野战帽，搭配了金属镶边和一枚金线帽徽；
5. 国王皇家来复枪军团军官彩色野战帽；
6. 第8国王的皇家爱尔兰轻骑兵团彩色野战帽；
7. 第4/7皇家龙骑兵禁卫团彩色野战帽。

徽位于帽子左前方，一些军官的帽徽由金线和彩线绣成，而普通士兵的帽徽则为标准的金属帽徽。

为体现军官的地位，军官版彩色野战帽的镶边和滚边为金色或银色，而普通士兵版则只能使用黄色或白色棉质镶边和滚边。

苏格兰便帽

苏格兰便帽（The Glengarry）是苏格兰团的传统军帽，只有中校以上的长官在当班期间佩戴。虽然英军苏格兰团的风笛手和鼓手的制式帽为"塔姆奥"圆帽，但在某些场合，他们可以获许佩戴苏格兰便帽。

苏格兰便帽帽徽安装在帽子左前方的一个黑丝（或人造丝）制成的蝴蝶结或绳结上面。黑格裙

警卫团（Black Watch）和"泰恩赛德苏格兰"部队（Tyneside Scottish）则直接将帽徽安装在帽子上。"泰恩赛德苏格兰"为一种荣誉称号，自1914年起，多支部队获得过该称号，如诺森伯兰燧发枪手团的多个营、达勒姆轻步兵团第12营、黑格裙警卫团第1营以及一些皇家炮兵部队的单位等。

无边帽

无边帽则是苏格兰部队的另一款传统帽子，这款帽子佩戴的场合跟苏格兰便帽一样，但只有两支部队使用——皇家装甲部队的拉沃特侦察团（Lovat Scouts）和苏格兰骑兵团 [Scottish Horse，该团在二战初期为骑兵侦察团，1940年分化为第79和第80（苏格兰骑兵）中型炮兵团]。

骑兵彩色野战帽

第2龙骑兵禁卫团（女王的海湾团）

第3卡宾枪手团（威尔士亲王龙骑兵禁卫团）

第4/7皇家龙骑兵禁卫团

第5皇家恩尼斯基林龙骑兵禁卫团

第1皇家龙骑兵禁卫团

皇家苏格兰灰马骑兵团（第2龙骑兵团）

第3国王直属轻骑兵团

第4女王直属轻骑兵团

第7女王直属轻骑兵团

第10皇家轻骑兵团和第14/20国王轻骑兵团

第8国王皇家爱尔兰轻骑兵团

第11轻骑兵团（阿尔贝特亲王直属团）

第13/18皇家轻骑兵团（玛丽女王直属团）

第15/19国王皇家轻骑兵团

第9女王皇家轻骑兵团

第12皇家枪骑兵团（威尔士亲王团）

第16/5枪骑兵团

第17/21枪骑兵团

皇家威尔特郡义勇骑兵团（威尔士亲王直属团）

德比郡义勇骑兵团

洛锡安人与边民骑兵团

法夫义和福法尔义勇骑兵团

伦敦郡义勇骑兵团

北安普敦郡义勇骑兵团

东赖丁义勇骑兵团

律师学院团

律师学院团（军官）

187

步兵彩色野战帽

女王皇家团（西萨里团）

皇家东肯特团

国王直属皇家团（兰开斯特团）

皇家沃里克郡团

皇家燧发枪手团

国王团（利物浦团）

皇家诺福克团

林肯郡团（仅第2营军官使用）

德文郡团

萨福克团

萨默赛特轻步兵团（阿尔贝特亲王团）

西约克郡团（威尔士亲王直属团）

东约克郡团（约克公爵直属团）

贝德福德郡和赫特福德郡团

莱斯特郡团

绿色霍华德团（威尔士公主亚历山德拉的约克郡团）

兰开夏郡燧发枪手团

柴郡团

皇家威尔士燧发枪手团

南威尔士边民团

皇家恩尼斯基林燧发枪手团

格洛斯特郡团

伍斯特郡团

东兰开夏郡团

东萨里团

康沃尔公爵轻步兵团

威灵顿公爵团

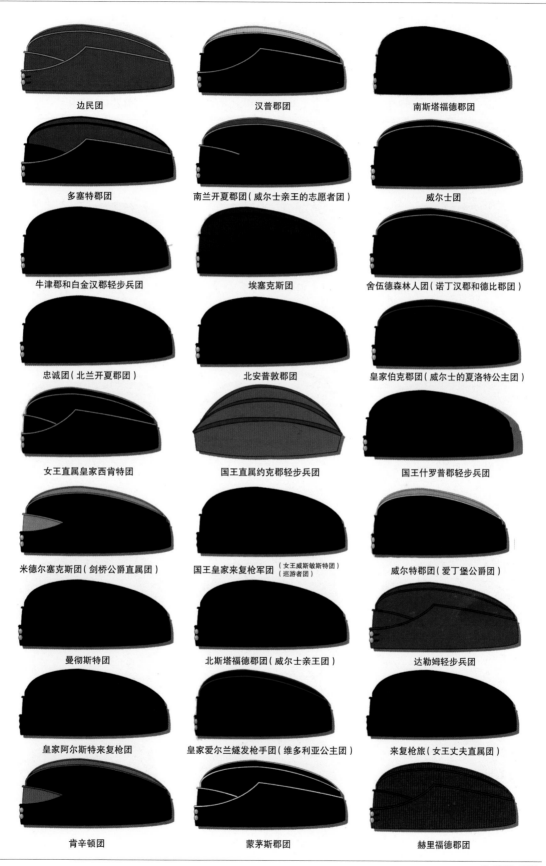

边民团

汉普郡团

南斯塔福德郡团

多塞特郡团

南兰开夏郡团（威尔士亲王的志愿者团）

威尔士团

牛津郡和白金汉郡轻步兵团

埃塞克斯团

舍伍德森林人团（诺丁汉郡和德比郡团）

忠诚团（北兰开夏郡团）

北安普敦郡团

皇家伯克郡团（威尔士的夏洛特公主团）

女王直属皇家西肯特团

国王直属约克郡轻步兵团

国王什罗普郡轻步兵团

米德尔塞克斯团（剑桥公爵直属团）

国王皇家来复枪军团（女王威斯敏斯特团）（巡游者团）

威尔特郡团（爱丁堡公爵团）

曼彻斯特团

北斯塔福德郡团（威尔士亲王团）

达勒姆轻步兵团

皇家阿尔斯特来复枪团

皇家爱尔兰燧发枪手团（维多利亚公主团）

来复枪旅（女王丈夫直属团）

肯辛顿团

蒙茅斯郡团

赫里福德郡团

其他兵种与勤务部队彩色野战帽

皇家炮兵部队

皇家工程兵部队

皇家通讯部队

皇家陆军牧师部

皇家陆军勤务部队

皇家陆军医疗部队

皇家陆军军械部队

皇家陆军薪水部队

皇家陆军兽医部队

陆军教育部队

陆军牙科部队

工兵部队

情报部队

女性本土服务辅助部队

苏格兰团（步兵团、炮兵团和骑兵团）的苏格兰便帽和无边帽

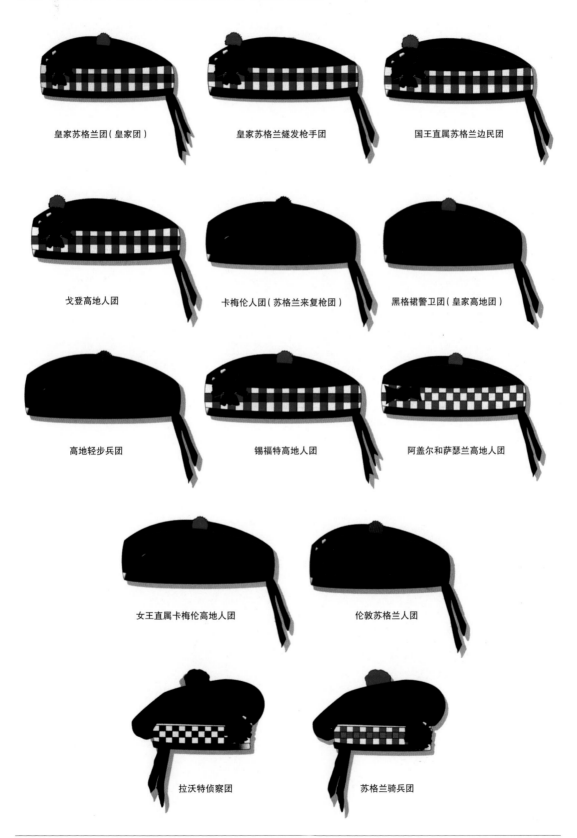

皇家苏格兰团（皇家团）

皇家苏格兰燧发枪手团

国王直属苏格兰边民团

戈登高地人团

卡梅伦人团（苏格兰来复枪团）

黑格裙警卫团（皇家高地团）

高地轻步兵团

锡福特高地人团

阿盖尔和萨瑟兰高地人团

女王直属卡梅伦高地人团

伦敦苏格兰人团

拉沃特侦察团

苏格兰骑兵团

■ 上图为1944年8月18日，第11装甲师所属第2北安普顿郡义勇骑兵团的一支"克伦威尔"坦克单位进入（Lesdeux），受到了一些当地居民的欢迎。照片中可以看到一名该部队的士兵戴着彩色野战帽。

■ 下图为1945年3月24日，第12军军长里奇中将在副官的陪同下，视察正在莱茵河畔作业的一支舟桥部队。可以看到，这名副官戴着一顶彩色野战帽。

■ 上图为1944年7月17日，蒙哥马利将军来到第50步兵师视察，在向该师的一些官兵颁发勋章之前发表讲话。在这张照片中，大多数官兵都戴着英军通用便帽，只有两名士兵戴着彩色野战帽，包括蒙哥马利本人在内只有三人戴着黑色装甲兵贝雷帽。

■ 下图为1944年10月比利时某地，英国国王乔治六世正在为一名英军准将颁发勋章。照片中可以看到有一名军官戴着苏格兰部队的苏格兰便帽。

帽 徽

英国陆军各团、各兵种或勤务部队都有本部队全体官兵一致使用的帽徽。

佩戴方法

英军的帽徽在不同军帽的安装位置如下：

贝雷帽、通用便帽：帽徽安装在左眼上方；

野战帽、彩色野战帽和苏格兰便帽：帽徽安装在帽子左前方；

"塔姆奥"圆帽：帽子的形状要求将帽徽安装在左侧太阳穴的正上方位置。

一些爱尔兰营的通用便帽采用向左倾斜的佩戴方式，这便要求将帽徽安装在右眼上方位置。

在第11轻骑兵团，帽徽只能出现在彩色野战

■ 一名英军大本营联络团（"幽灵"部队）军官的照片，他佩戴了一枚黑色底布的"幽灵"部队臂章（字母P），但戴着一顶佩皇家坦克团金属帽徽的黑色贝雷帽。

帽上，褐色和樱桃红色贝雷帽不使用帽徽。在第8国王皇家爱尔兰轻骑兵团，军官独属"帐篷帽"不使用帽徽，其只在黑色贝雷帽上搭配帽徽。

帽徽背衬

一些部队会在帽徽背后搭配一块其部队传统颜色的衬背布料。

在苏格兰团，帽徽衬背面料为其部队传统的苏格兰格子呢。

帽徽款式

英国陆军拥有多种材质的帽徽，大多数材质如下：

金属或双金属帽徽：1942年后，除骑兵部队外，大多数兵种部队都已经开始使用塑料帽徽；

由金线和彩线绣成的帽徽：用于军官帽；

布质机绣版帽徽：仅特别空勤团使用。

除皇家陆军牧师部的帽徽为军官帽徽外，除非特别说明，本书所展示的都是普通士兵版帽徽。

军官、军士、一些团或兵种部队的乐队队员有不同于其所在部队常见形制和意义的帽徽，例如军官有珠宝质高级帽徽和卡梅伦人团的风笛手和鼓手帽徽。

一些被选派到特种部队，如陆军突击队或"幽灵"部队（特种侦察单位）的人员，可以继续使用其原先部队的帽徽，但帽徽不能佩戴在正面。这种做法同样也出现在那些作为补充兵员派往前线的人员身上。

英军帽徽上的一些元素象征

1. 爱尔兰恩尼斯基林城堡。1689年，威廉和玛丽女王的部队曾在此击败英王詹姆士二世的部队。

2. 汉诺威王朝白马纹章。

3. 竖琴和三叶草纹章，爱尔兰的象征，一些爱尔兰部队的帽徽专属图案。

4. 约克郡的（白）玫瑰纹章。

5. 威尔士亲王纹章冠饰，带该纹章的部队代表着其受威尔士亲王的庇护或者其来自威尔士。

6. 都铎王朝王冠（国王之冠），用于爱德华七世（1901-1910）、乔治五世（1910-1936）、爱德华八世（1936）、乔治六世（1936-1952）。

7. 维多利亚女王王冠，维多利亚女王在位时期（1901年止）以及1952年起的伊丽莎白二世统治时期。

8. 二战期间英国国王乔治六世花押字纹章。

9. 龙纹章，威尔士元素之一，威尔士部队使用。

10. 联合王国皇家盾徽。盾徽上的法文格言意为：我权天授，心怀邪念者蒙羞。

11. 英格兰狮子纹章。

12. 法国号纹章，代表轻步兵团和来复枪团（不含皇家阿尔斯特来复枪团）。

13. 埃及狮身人面像纹章，代表帽徽使用该图案的部队曾于1801年在埃及作战。

14. "苏格兰的保卫者"圣安得烈（Saint Andrew）和十字架。通常和蓟花一起佩戴，该标志（或者单是十字架）是苏格兰团所特有。

15. 斯塔福德结纹章（Stafford knot），它是斯塔福德郡纹章的一部分，来自斯塔福德郡的三个团的帽徽都有这个特征。

16. 燃烧的手榴弹纹章，代表燧发枪手团（不含掷弹兵禁卫团）。

骑兵团与皇家坦克团帽徽

1. 王室骑兵团（Live Guards）
2. 皇家骑兵禁卫团
3. 第1国王龙骑兵禁卫团
4. 第2龙骑兵禁卫团（女王的海湾团）
5. 第3卡宾枪手团（威尔士亲王龙骑兵禁卫团）
6. 第4/7皇家龙骑兵禁卫团

7. 第5皇家恩尼斯基林龙骑兵禁卫团
8. 第1皇家龙骑兵团
9. 皇家苏格兰灰马骑兵团（第2龙骑兵团）
10. 第3国王直属轻骑兵团
11. 第4女王直属轻骑兵团
12. 第7女王直属轻骑兵团

13. 第8国王皇家爱尔兰轻骑兵团
14. 第9女王皇家枪骑兵团
15. 第10皇家轻骑兵团（威尔士亲王直属团）
16. 第11轻骑兵团（阿尔贝特亲王直属团）
17. 第12皇家枪骑兵团（威尔士亲王团）
18. 第13/18皇家轻骑兵团（玛丽女王直属团）；19. 第14/20国王轻骑兵团
20. 第15/19国王皇家轻骑兵团

21. 第16/5枪骑兵团
22. 第17/21枪骑兵团
23. 第22龙骑兵团
24. 第23轻骑兵团
25. 第24枪骑兵团
26. 第25龙骑兵团
27. 第27枪骑兵团
28. 皇家坦克团

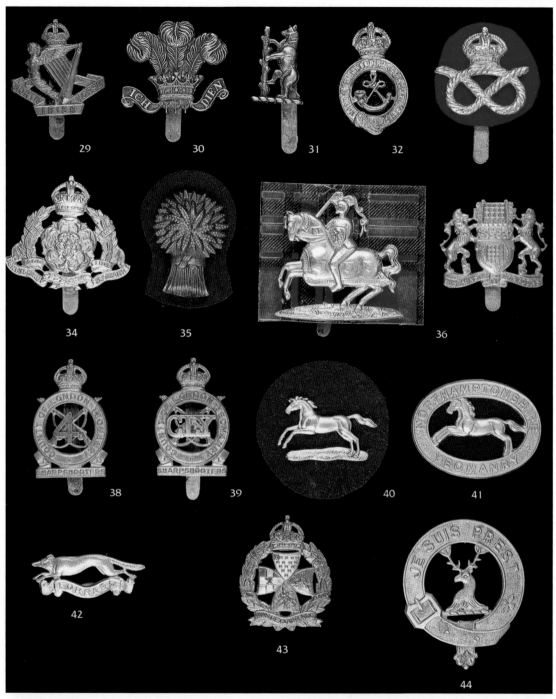

29. 北爱尔兰骑兵团

30. 皇家威尔特郡义勇骑兵团（威尔士亲王直属团）

31. 沃里克郡义勇骑兵团

32. 诺丁汉郡义勇骑兵团（舍伍德巡游者团）

33. 斯塔福德郡义勇骑兵团（女王直属皇家团）

34. 德比郡义勇骑兵团

35. 洛锡安人与边民义勇骑兵团

36. 法夫义和福法尔义勇骑兵团（帽徽衬背：格子防水布）

37. 威斯敏斯特骑兵团（第2伦敦郡义勇骑兵团）

38. 第4伦敦郡义勇骑兵团（神枪手团）

39. 第3/4伦敦郡义勇骑兵团,使用第3伦敦郡义勇骑兵团帽徽（1944年7月）

40. 第1北安普敦郡义勇骑兵团

41. 第2北安普敦郡义勇骑兵团

42. 约克郡的东赖丁义勇骑兵团（East Riding of Yorkshire Yeomanry）

43. 律师学院团

44. 拉沃特侦察团

步兵团帽徽

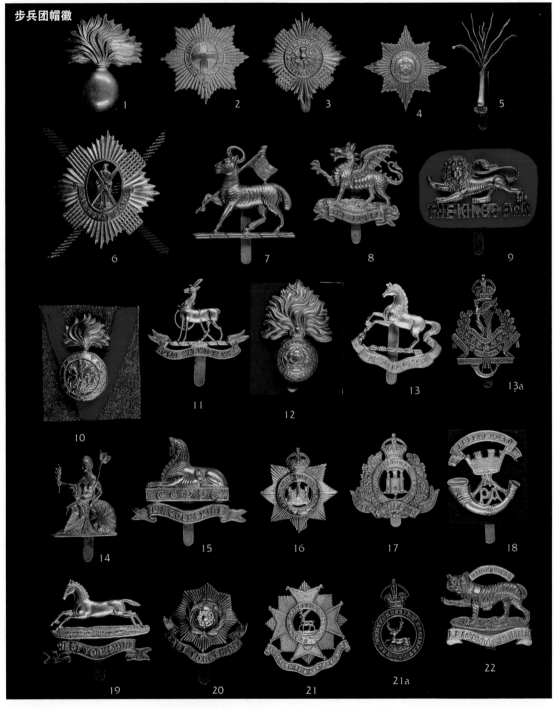

1. 掷弹兵禁卫团
2. 寒溪禁卫团
3. 苏格兰禁卫团
4. 爱尔兰禁卫团
5. 威尔士禁卫团
6. 皇家苏格兰团（格子呢衬背红色标代表第1营，绿色代表第2营）
7. 女王皇家团（西萨里团）
8. 皇家东肯特团
9. 国王直属皇家团，白色金属版属皇家装甲部队第107团（该团为国王直属皇家团第5营）
10. 皇家诺森伯兰燧发枪手团
11. 皇家沃里克郡团
12. 皇家燧发枪手团（伦敦城团）
13. 国王团（利物浦团）
13a. 国王团（第8爱尔兰营）带法国圆号的军官帽徽；该营为本土陆军单位
14. 皇家诺福克团
15. 林肯郡团
16. 德文郡团
17. 萨福克团
18. 萨默塞特轻步兵团（阿尔贝特亲王团）
19. 西约克郡团（威尔士亲王直属团）
20. 东约克郡团（约克郡公爵直属团）
21. 贝德福德郡和赫特福德郡团
21a. 赫特福特郡团
22. 莱斯特郡团

23. 绿色霍华德团
24. 兰开夏郡燧发枪手团
24a.1943年前，兰开夏郡燧发枪手团一些营的贝雷帽帽徽
25. 皇家苏格兰燧发枪手团
26. 柴郡团
27. 皇家威尔士燧发枪手团
28. 南威尔士边民团
28a. 蒙茅斯郡团第2营（属于南威尔士边民团），另一款帽徽上有月桂花环
28b. 布雷克诺克郡营（Brecknockshire，属南威尔士边民团）
29. 国王直属苏格兰边民团
30. 卡梅伦人团（苏格兰来复枪团）
31. 皇家恩尼斯基林燧发枪手团
32. 格洛斯特郡团
32a. 格洛斯特郡团，佩戴在军帽后面的微型帽徽
33. 伍斯特团
34. 东兰开夏郡团
35. 东萨里团
36. 康沃尔公爵轻步兵团
37. 威灵顿公爵团（西赖丁团）
38. 边民团
39. 皇家苏赛克斯团
40. 汉普郡团
40a. 汉普郡团第11营，该营即泽西岛皇家民兵部队（Royal Militia of the Island of Jersey）
41. 南斯塔福德郡团

42. 多塞特郡团
43. 南兰卡夏郡团（威尔士亲王的志愿者团）
44. 威尔士团
45. 黑格裙警卫团（皇家高地团）
45a. 第1"泰恩赛德苏格兰"营（属于黑格裙警卫团）；黑格裙警卫团和"泰恩赛德苏格兰"营只在苏格兰便帽上使用帽徽，戴"塔姆奥"圆帽时，使用一根红色羽饰作为帽徽
46. 牛津郡和白金汉郡轻步兵团

46a. 牛津郡和白金汉郡轻步兵团（在贝雷帽上的小型帽徽）
46b. 第1和第2白金汉营
47. 埃塞克斯团
48. 舍伍德森林人团（诺丁汉郡和德比郡团）
49. 忠诚团（北兰开夏郡团）
50. 北安普敦郡团
51. 皇家伯克郡团（威尔士的夏洛特公主团）
52. 女王直属皇家西肯特团

53. 国王直属约克郡轻步兵团
54. 国王什罗普轻步兵团
54a. 赫里福德郡团
55. 米德尔塞克斯团（剑桥公爵直属团）
55a. 路易斯公主的肯辛顿团（Princess Louise's Kensington Regiment），属米德尔塞克斯团
56. 国王皇家来复枪军团

56a. 巡游者团，属国王皇家来复枪军团，第1和第2营作为国王皇家来复枪军团的第9和第10营
56b. 女王威斯敏斯特团，属国王皇家来复枪军团，第1和第2营作为国王皇家来复枪军团的第11和第12营
57. 威尔特郡团（爱丁堡公爵团）
58. 曼彻斯特团
59. 北斯塔福德郡团（威尔士亲王团）
60. 约克和兰开斯特团，哈勒姆郡营
61. 达勒姆轻步兵团

61a. 达勒姆轻步兵团第6营，属于本土陆军
62. 高地轻步兵团（格拉斯哥城团）
62a. 格拉斯哥高地人团
63. 锡福特高地人团
63a. 锡福特高地人团第5营，属于本土陆军
64. 戈登高地人团
64a. 戈登高地人团麾下的各伦敦苏格兰人营；帽徽衬背为粗灰呢布料
65. 女王直属卡梅伦高地人团

66. 皇家阿尔斯特来复枪团
66. 皇家阿尔斯特来复枪团，贝雷帽小型帽徽
66b. 伦敦爱尔兰来复枪团（London Irish Rifles），属皇家阿尔斯特来复枪团
67. 皇家爱尔兰燧枪手团（维多利亚公主团）
68. 阿盖尔和萨瑟兰高地人团（路易斯公主团）
69. 来复枪旅（女王丈夫直属团）

其他兵种和勤务部队帽徽

1. 皇家装甲部队，新兵单位和训练中心部队和坦克营成员使用
2. 皇家炮兵部队
3a. 皇家炮兵部队，用于搭配通用便帽或彩色野战帽
3. 皇家骑乘炮兵部队
4. 荣誉炮兵连（Honourable Artillery Company）
5. 皇家工程兵部队
5a. 皇家工程兵部队，用于通用便帽或彩色野战帽
6. 皇家通讯部队
7. 侦察部队
7a. 侦察部队（约克郡单位）。
8. 陆军航空队
8a. 伞兵团
8b. 特别空勤团
9. 皇家陆军牧师部基督徒
9a. 犹太教教徒
10. 皇家陆军勤务部队
11. 皇家陆军医疗部队
12. 皇家陆军军械部队
13. 皇家电子和机械工程兵部队
14. 皇家陆军薪水部队
15. 陆军兽医部队
16. 陆军教育部队
17. 陆军牙科部队
18. 宪兵部队
19. 军事司法部队
20. 工兵部队
21. 情报部队
22. 陆军餐饮部队
23. 陆军体育训练部队
24. 普通服役部队，第1版帽徽
24a. 普通服役部队，1944型帽徽

前文未说明帽徽		
团名	母团	相关信息
剑桥团（Cambridge Regiment）	萨福克团	1942年2月被歼灭于新加坡
五港同盟营（Cique Port Battalion）	皇家苏塞克斯郡团	1942年编入皇家炮兵部队，从此使用皇家炮兵部队帽徽
维多利亚女王来复枪团（Queen's Victoria Rifles）	国王皇家来复枪军团	使用国王皇家来复枪军团帽徽
利物浦苏格兰人团（Liverpool Scottisch）	女王直属卡梅伦高地人团	第1营为新兵单位，第2营编入皇家炮兵部队
陶尔哈姆雷特来复枪团（Tower Hamlet Rifles）	来复枪旅	1941年解散
艺术家来复枪团（Artist Rifles）	来复枪旅	新兵部队
高地团（Highland Regiment）	黑格裙警卫团	新兵部队
	阿盖尔和萨瑟兰高地人团	
低地团（Lowland Regiment）	皇家苏格兰团	1943年解散

特殊情况

战争期间，一些义勇骑兵团被编入皇家炮兵部队，而一些步兵营则被改编为皇家装甲部队。

改编后，这些部队的帽徽拥有3种选择：

1. 选择新部队帽徽；

2. 保留原来部队的帽徽；

3. 结合新老部队的元素，为新帽徽的制作提供意见。

并入皇家装甲部队的步兵营及帽徽使用情况		
皇家装甲部队	原番号	帽徽类型
RAC 第107团	国王直属皇家团第5营	国王直属皇家团帽徽
RAC 第116团	戈登高地人团第9营	皇家装甲部队帽徽
RAC 第141团	皇家东肯特团第7营	皇家东肯特团帽徽
RAC 第142团	萨福克团第7营	萨福克团帽徽
RAC 第144团	东兰开夏郡团第8营	东兰开夏郡团帽徽
RAC 第145团	威灵顿公爵团第8营	皇家装甲部队帽徽
RAC 第146团	威灵顿公爵团第9营	皇家装甲部队帽徽
RAC 第147团	汉普郡团第10营	汉普郡团帽徽
RAC 第148团	忠诚团第9营	皇家装甲部队帽徽
RAC 第149团	国王直属约克郡轻步兵团第7营	皇家装甲部队帽徽
RAC 第150团	约克和兰开夏郡团第10营	约克郡和兰开夏郡团帽徽
RAC 第152团	国王直属皇家团第10营	国王御用皇家团帽徽
RAC 第153团	埃塞克斯郡团第8营	埃塞克斯郡团帽徽

■ 1944年7月，"古德伍德"行动发起前，皇家装甲部队第107团（第34陆军坦克旅）的一名"丘吉尔"坦克乘员正在向炮塔内补充炮弹。与其所在团的其他成员一样，他仍在黑色贝雷帽上保留着国王直属皇家团帽徽，但帽徽并不是黄铜材质的，而是白色金属材质。

编入皇家炮兵部队后，仍使用其原先帽徽的义勇骑兵团

1. 埃尔郡义勇骑兵团（Aryshire Yeomanry）
2. 莱斯特郡义勇骑兵团（Leicestershire Yeomanry）
3. 兰开斯特公爵直属义勇骑兵团（Duke of Lancaster's Own Yeomanry）
4. 拉纳克郡义勇骑兵团（Lanarkshire Yeomanry）
5. 诺森伯兰轻骑兵团（Northumberland Hussars）
6. 南诺丁汉郡义勇骑兵团（South Nottinghamshire Yeomanry）
7. 赫特福德郡义勇骑兵团（Hertfordshire Yeomanry）
8. 皇家萨福克轻骑兵团（Royal Suffolk Hussars）
9. 女王直属伍斯特郡轻骑兵团（Queen's Own Worcestershire Hussars）
10. 女王直属牛津郡轻骑兵团（Queen's Own Oxfordshire Hussars）
11. 女王直属皇家格拉斯哥义勇骑兵团（Queen's Own Royal Glasgow Yeomanry）
12. 萨里义勇骑兵团（Surrey Yeomanry）
13. 诺福克义勇骑兵团（Norfolk Yeomanry）
14. 埃塞克斯义勇骑兵团（Essex Yeomanry）
15. 苏格兰骑兵团（Scottish Horse）

改编为皇家炮兵部队的义勇骑兵团

原番号	改编后番号	改编后隶属于
埃尔郡义勇骑兵团	第151野战炮兵团（151st Field Regiment）	第11装甲师
莱斯特郡义勇骑兵团	第153野战炮兵团（153rd Field Regiment）	禁卫装甲师
兰开斯特公爵直属义勇骑兵团	第77中型炮兵团（77th Medium Regiment）	第2集团军
拉纳克郡义勇骑兵团	第156野战炮兵团（156th Field Regiment）	第5步兵师
诺森伯兰轻骑兵团	第102反坦克团（102nd Anti-Tank Regiment）	第50步兵师
南诺丁汉郡义勇骑兵团	第107和第150野战炮兵团（107 & 150th Field Regiment）	第2集团军
赫特福德郡义勇骑兵团	第86（自行）野战炮兵团 [86th Field Regiment（self propelled）]	第2集团军
皇家萨福克轻骑兵团	第55反坦克团（55th Anti-Tank Regiment）	第49步兵师
女王直属伍斯特郡轻骑兵团	第53机降轻型炮兵团（53rd Airlanding Light Regiment） （军官使用女王直属伍斯特郡轻骑兵团帽徽，士兵使用皇家炮兵部队帽徽）	第6空降师
女王直属牛津郡轻骑兵团	第63反坦克团（63rd Anti-Tank Regiment）	第8军
女王直属皇家格拉斯哥义勇骑兵团	第54反坦克团（54th Anti-Tank Regiment）	第52步兵师
萨里义勇骑兵团	第98野战炮兵团（98th Field Regiment）	第2集团军
诺福克义勇骑兵团	第65反坦克团（65th Anti-Tank Regiment）	第7装甲师
埃塞克斯义勇骑兵团	第147（自行）野战炮兵团 [147th Field Regiment（self propelled）]	第8装甲旅
苏格兰骑兵团	第79中型炮兵团（79th Medium Regiment）	第2集团军

■ 上图为黑格裙警卫团第1/7营的一名步兵。他戴着一顶"塔姆奥"圆帽，该团的金属帽徽被一根红色羽饰所取代，这种方式也出现在"泰恩赛德苏格兰人"单位中。

■ 上图为第51（高地）步兵师所属第154步兵旅旅长詹姆斯·奥利弗准将。詹姆斯准将1926年加入黑格裙警卫团，因此时常身着黑格裙警卫团的传统制服。照片中他戴着一顶"塔姆奥"圆帽，因此没有佩戴帽徽，而在帽子上装饰了一根红色羽饰。

■ 左图及上图分别为黑格裙警卫团（左）和"泰恩赛德苏格兰"单位（上）的苏格兰便帽。

■ 上图为1945年4月21日德国小城策勒（Celle）附近，第15步兵师所属阿盖尔和萨瑟兰高地人步兵团第2营的一名中士正在阅读一份报纸。他戴着的"奥塔姆"圆帽上装饰了阿盖尔和萨瑟兰高地人团传统底布的帽徽。

■ 下图为1944年春末，在诺曼底登陆准备阶段，第21集团军群总司令蒙哥马利将军来到第3步兵所属皇家阿尔斯特来复枪团第2营的驻地视察。照片中一些士兵戴着通用便帽，一些人则戴着墨绿色的彩色野战帽。

空降部队制服与装备

"丹尼森"罩衫

英国空降部队建立初期，于1940年直接仿制德国伞兵的"骨袋"（Knochensack）罩衫，试验性装备了一款斜纹卡其布伞兵跳伞外套（khaki-drill paratroop jump-jacket）。但是，从中段移除了裤腿的连体工装服需要士兵双腿套入，然后穿在身上，显然穿起来太麻烦。于是，英军于1942年推出了"丹尼森迷彩空降兵罩衫"（Airborne Smock Denison Camouflage）。这款罩衫的迷彩由一名叫丹尼森的少校设计，其当时为著名的舞美设计师奥利弗·梅塞尔（Oliver Messel）所领导的伪装材料设计部队的一员。

这款"丹尼森"罩衫又被称为一型，采用宽松裁剪，为套头款式，领口采用了拉链设计，开襟至胸口位置，使其成为一款真正的罩衫。拉链带有一块布挡，但这块布挡没有设计纽扣或其他方式进行固定。

这款罩衫所采用的迷彩颜色据称非常适合在北非和意大利战场，重质斜纹面料底色为淡黄色，表面再使用不退色的豌豆绿色和深褐色染料手刷，从而达到迷彩伪装效果。其袖口为针织羊毛袖口。罩衫外表有4个口袋（2个胸袋和2个髋袋），都有袋盖和金属四合扣。内面在胸部设计了两个内袋。肩带的扣子为作战服所使用的塑料扣。衣领内面缝了柔软的卡其色法兰绒衬里，一些高级军官罩衫的衣领衬里甚至为更加舒适和柔软的安哥拉羊毛面料。

一型"丹尼森"罩衫带有一块称为"海狸尾"（Beaver tail）的挡片，可以从向前将罩衫的下摆固定住，以避免伞兵在跳伞过程中，罩衫下摆扬起。在不使用的时候，这块长长的挡片吊在士兵的身后齐膝的高度，因此1942年许多北非阿拉伯人戏称身着"丹尼森"迷彩罩衫的英军士兵为"长尾巴的男人"。"丹尼森"罩衫可以套在作战服外面，

■ 奥利弗·梅塞尔（1904-1978）
英国艺术家，二十世纪英国最著名的舞美设计师之一，二战中就职于伪装材料设计部队，他为英军设计了大量伪装成干草垛、城堡、废墟和路边咖啡馆的碉堡。

因此十分宽松，但可以通过调整罩衫两侧下部的松紧扣进行适度收紧。

一型"丹尼森"罩衫普遍装备于英国和英联邦国家空降部队，以及诺曼底登陆后的特别空勤团部队，但其最初装备于1941年至1944年间在敌国领土伞降或登陆的特别行动处成员。最初的"丹尼森"罩衫上的迷彩颜色并非永久性颜色，用水洗掉后看起来像典型的法国工人的工装，从而为官兵增加逃生的机会。随着新组建的空降部队规模逐渐扩大，英军对罩衫的需求量也越来越大，这就要求罩衫迷彩必须采用丝网印刷，以便更简单地生产。

在伞兵部队中，"丹尼森"罩衫需要套在作战服外面和网布单兵装具下方。为了避免士兵在伞降过程中，降落伞的绳索绞进网布装具而出现意外，英军最初还为伞兵配发了一款无袖的灰绿色丁尼布罩衫，即1942型伞兵夹克（Jacket Parachutist 1942 Pattern），让士兵在伞降行动中穿在最外面。这款无袖罩衫有一根长拉链，但其经常被士兵拆掉，用于将半拉链的"丹尼森"罩衫修改为全拉链款式，从而穿和脱时可以像夹克一样方便。同样，无袖罩衫也有一块固定下摆的挡片。另外，其正面下方有两个装手榴弹的口袋，以便伞兵在半空或在着地时使用。这两个口袋都有自动闭合设计，可以安全携带手榴弹。它们也时常被士兵拆下，改装到"丹尼森"罩衫上。成功着地后，伞兵会脱去这件罩衫。

1944年，英军使用二型"丹尼森"罩衫取代了一型"丹尼森"罩衫。新款"丹尼森"罩衫袖口有带扣子的松紧带；挡片在不使用时可以用黄铜搭扣固定在罩衫后面，也就不会像一型那样如同长长的尾巴拖在身后。其他修改的细节包括改短了罩衫的衣长，下收的袖管亦被修改为直筒式衣袖。二型"丹尼森"罩衫取消了针织袖口，但为了增加防风性，许多士兵会为袖口加缝羊毛袜上筒。

这款罩衫的半身拉链扣为黄铜扣。在迷彩颜色上，二型亦不同于一型，底色多样，从浅橄榄色到中度橄榄色不等，再刷上了红褐色和深橄榄绿色色块。这种迷彩据称更适合在西北欧战场上使用。

前文说到两款"丹尼森"罩衫的军官版都有柔软的衣领衬里，而在诺曼底登陆时可以看到一些军官将罩衫修改为全拉链款罩衫。一些战时的照片也显示，一些士兵也穿着自己找裁缝修改成全拉链式的罩衫。高级军官可以自掏腰包购买私人定制的"丹尼森"罩衫，其布料主要为轻质的华达呢面料，款式为全拉链式，衣领加缝了白色羊毛衬里，腰部则设计了可以收紧罩衫的腰绳。

狙击手的"丹尼森"罩衫则在左后方增加了一个尺寸为10英寸×10英寸的口袋，用于存放食物、饮用水、地图、子弹和其他小型装备。另外，英军在战争期间也曾少量装备过表面上蜡的深绿色防水款"丹尼森"迷彩罩衫。英军特别行动处还装备一款迷彩颜色与"丹尼森"罩衫一样的迷彩连体服（带连体风帽），即"特别行动处伞降服"（SOE Jumpsuit）。这款迷彩连体服也曾装备给那些伞降进入敌军控制区的盟军特工。与无袖罩衫一样，特工在着陆后不久便会脱去这件肥大的迷彩服。特别行动处伞降服也有白色款，以适应冬季和极地环境的伪装需要。

二战后，"丹尼森"罩衫仍在英军和英联邦国家军队中服役，且十分受朝鲜战场上的军队所欢迎。同时，其一直为皇家海军和伞兵部队的标准野战服，直至在七十年代中期被裂片迷彩伞兵罩衫（Smock Parachutist DPM）所取代，后者只是较二战版本做了些许的改动。全长度黄铜拉链逐渐成为战后"丹尼森"罩衫的标准开襟款式，且拉链没有布挡。战时二型"丹尼森"所取消的针织袖口，在战后重新得到了应用。战后款"丹尼森"罩衫的迷彩底色为更淡的卡其色，摁扣材质也由黄铜／红铜改为镀镍款式。

■ 上图及下图为英军伞兵部队在曼彻斯特的林卫机场（Ringway）的早期训练照片。照片中的英军伞兵们都穿着仿自德国伞兵部队"骨袋"伞降罩衫。这两张照片拍摄于1941年的一次跳伞训练之前，伞兵们戴的头盔为被称为"蹦极头盔"（Bungee Helmet）的伞兵训练头盔。

■ 为检验刚组建的英国空降部队的战斗力，英军策划了"巨像"行动（Operation Colossus），于1940年2月10日夜间在意大利卡利特里镇（Calitri）附近空投了第11特别空勤营的38名伞兵，让其炸毁一条重要的引水渠。尽管此次行动中暴露出了许多问题，但这些英国伞兵最终还是完成了任务。不幸的是，此次行动结束后，38名伞兵中只有一人回到英国，其中一人阵亡，一人受伤，其余35人则被俘并一直关押到意大利投降。上图为"巨像"行动中被俘的35名伞兵的合影。照片中他们都身着英军早期伞兵罩衫。

■ 上图为一幅描绘"巨像"行动中的英国伞兵的彩绘作品。 ■ 上图为1942年8月交叉坐在"惠特利"轰炸机机舱内的英国伞兵，他们都身着卡其色的早期伞兵罩衫。

■ 图为1942年10月几名英国伞兵在一架皇家空军第295中队的"惠特利"重型轰炸机前合影。照片中他们都穿着英军早期伞兵罩衫。

■ 这是一件经过 1944 年 9 月"市场 – 花园"行动战火洗礼的一型"丹尼森"罩衫。

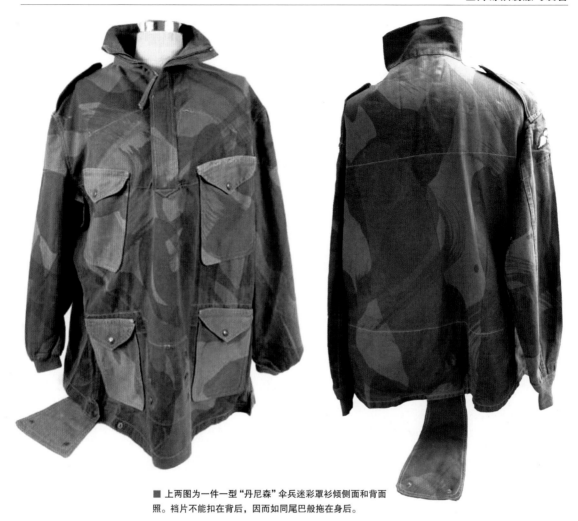

■ 上两图为一件一型"丹尼森"伞兵迷彩罩衫倾侧面和背面照。裆片不能扣在背后，因而如同尾巴般拖在身后。

■ 左图为1944年9月18日，"市场－花园"行动期间，一个英军8人巡逻小队带着一名德军俘虏，在荷兰阿纳姆大桥西桥头，企图为正进入阿纳姆的第1伞兵旅定位。照片中前景处的三名伞兵都身着一型"丹尼森"罩衫。

■ 上两图为一型"丹尼森"罩衫模特正面和背面展示图。一型"丹尼森"罩衫最主要的特征在于袖口为针织羊毛面料袖口。

■ 下图为1944年3月16日英国国王乔治六世视察第6空降师，照片近景处这名伞兵正是穿着一件带针织羊毛袖口的一型"丹尼森"罩衫。

■ 图为1944年春天的一次训练中，一名英军伞兵展示自己的服装和个人装备搭配方式，可以看到他穿着一件一型"丹尼森"罩衫，其直筒形袖管和针织羊毛袖口特征十分明显。

■ 本页及第217页图为一件二型"丹尼森"罩衫原品的正面及背面。

■ 上图为二型"丹尼森"罩衫袖口的特写，这是识别一型与二型的重要特征。

■ 下图为一件生产于1943年的"丹尼森"罩衫上的标签，标签缝在罩衫内侧的下部。

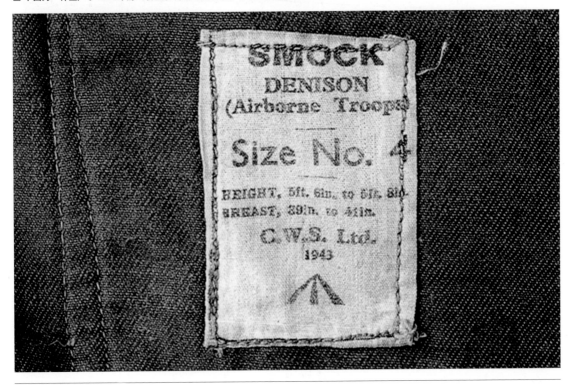

■ 本页为穿着二型"丹尼森"罩衫的英国伞兵装扮。可以看到袖口是通过两颗扣子和襟片调整松紧度。背面的两颗摁扣可以在不使用裆片时将其固定住。

■ 上图彩绘作品描述内容为英军伞兵在"市场－花园"行动中夺取阿纳姆大桥，画中的两名司登冲锋枪手和布伦机枪手都身着二型"丹尼森"伞兵迷彩罩衫。

■ 下图是 1945 年 5 月 7 日在丹麦首都哥本哈根，几名英军伞兵受到了丹麦起义军的欢迎。照片中左侧第二名英军伞兵中士穿着一件二型"丹尼森"罩衫（注意其袖口上有用于收紧袖口的扣子）。

■ 图为一件袖口加缝了羊毛袜子上筒的二型"丹尼森"罩衫。

■ 图为一套英军伞兵的装备，包括加缝了羊毛袜上筒的二型"丹尼森"罩衫、第二版伞兵头盔、1940型羊毛作战服、黑色踝靴、帆布绑腿。
单兵装备包括望远镜、单兵手枪网布装具（见本书下文详细展示）、1908型大背包、防毒面具包、掘壕工具包、地图包、水壶、水杯和一根套绳。

■ 上图为全拉链式一型"丹尼森"罩衫。

■ 上图及下两图为一件全拉链式二型"丹尼森"罩衫。

■ 上图这张照片拍摄于1945年春向德国本土进军期间，三名英国伞兵经一座浮桥渡过莱茵河。他们都身着"丹尼森"罩衫，但款式都不一样，从左向右分别为二型、一型和全拉链式一型。

■ 左图为身着全拉链式一型"丹尼森"罩衫的英军伞兵装扮。

■ 下图为"市场－花园"行动期间的英国第1空降师师长罗伯特·厄克特少将（Robert Urquhart）。他身着一件领口有羊毛衬里的全拉链式一型"丹尼森"罩衫。

■ 上图及下图为1944年4月4日或5日，英国第6空降师师长理查德 · 尼尔森 · 盖尔少将（Richard Nelson Gale）在哈维尔机场（Harwell）视察正在进行登陆日空降行动准备工作的部队。两张照片中的盖尔将军都是穿着一件全拉链式一型"丹尼森"罩衫。下图中盖尔将军身后的一名伞兵军官同样也穿着全拉链式"丹尼森"罩衫，但是其正面的扣子为六排，而不是制式罩衫的三排。

■ 图为1944年6月10日,英国第6空降师师长盖尔少将在法国朗维尔地区的一张留影,照片中的他此时就穿着一件敞开的全拉链式一型"丹尼森"罩衫。

■ 上图为1944年6月10日，蒙哥马利、美国第1集团军司令奥马尔 · 布莱德利将军和英国第2集团军司令迈勒斯 · 邓普西将军在法国的合影。照片中邓普西将军也穿着一件正面为六排扣的全拉链式一型"丹尼森"罩衫。

■ 下图为电影《最长的一天》拍摄期间，演员理查德 · 托特（Richard Todd，左）与前第6空降旅麾下牛津郡和白金汉郡轻步兵团第2营（滑翔机机降步兵）D连连长约翰 · 霍华德（右）讨论电影拍摄细节。前者身着一件全拉链式一型"丹尼森"罩衫，在电影中扮演霍华德，夺取卡昂附近的卡昂运河上的几座关键大桥。值得指出的是，托特本人也曾是第6空降师的一名伞兵，并参加过登陆日空降行动。

■ "丹尼森"罩衫十分受到广大英军官兵的喜爱，甚至连蒙哥马利元帅也有一件全拉链式"丹尼森"罩衫。为了穿起来更贴身，他将两襟叠起收拢并用皮带扎紧。照片中他的黑色贝雷帽上为皇家坦克团帽徽和元帅帽徽。

■ 在这张照片中，身着全拉链式"丹尼森"罩衫的蒙哥马利元帅戴了一顶带有伞兵团帽徽和元帅帽徽的红色贝雷帽。

■ 图中这套英军伞兵制服装备包括一型"丹尼森"罩衫、作战服裤子、丁尼布无袖罩衫、领带、绑腿、网布腰带、交叉背带、L型背包带、两个基础弹药袋、水壶和水壶套、伪装网、背包、掘壕工具包和掘壕工具柄、步枪带、子弹带、军用饭盒、几个布伦机枪弹匣包、两个修面刷和剃须刀、急救包、一卷厕纸和网眼背心。

■ 上两图为一件产于1945年的5码丁尼布无袖罩衫正面和背面。与一型"丹尼森"罩衫一样，这款罩衫的背面也没有扣子，不能将裆片在不使用时固定住。

■ 下图为英国伞兵丁尼布料内面，其只在衣服的中央部位加缝了灰色的衬里，标签位于内面的右下方。

■ 图为一套丁尼布无袖罩衫装扮展示，头戴一顶带盔网和迷彩伪装碎片的伞兵头盔，上身配了一件加缝了咖啡色棉布袖口的二型"丹尼森"罩衫，外面还套着丁尼布无袖罩衫，下身穿着作战服裤子，绑有帆布绑腿，脚蹬黑色踝靴。脖子上则围了一条伪装面纱，左肩背着帆布包，双肩缠着一根套绳。

■ 上图为1944年6月4日或5日，一群准备参加诺曼底登陆行动的英国伞兵围在一起研究刚刚领到的丁尼布无袖罩衫。

■ 下图这名英军伞兵直接将丁尼布无袖罩衫穿在作战服外面，而不是套在"丹尼森"罩衫外面。

■ 图为丁尼布无袖罩衫模特展示图。注意其在罩衫的两个口袋中各放置了一枚手榴弹。这种袋口设计可以确保伞兵在跳伞过程中，手榴弹不会因晃动而掉落，也方便士兵取出手榴弹。

■ 左图彩绘作品反应的内容为1943年两名英军伞兵在曼彻斯特附近的林卫机场训练期间，相互整理跳伞装备。左侧伞兵在二型"丹尼森"罩衫外面穿了一件丁尼布罩衫，头戴1941型钢盔，裤子为1941型伞兵作战服裤子。右侧这名伞兵则穿着一件仿制自德国伞兵罩衫的英军早期伞兵罩衫。

■ 下图为1944年6月5日，几名英军伞兵部队的通讯兵在将一只信鸽装进信鸽运输圆筒，准备将其带到诺曼底前线。照片中多名伞兵都在"丹尼森"罩衫外面套了一件丁尼布无袖罩衫。

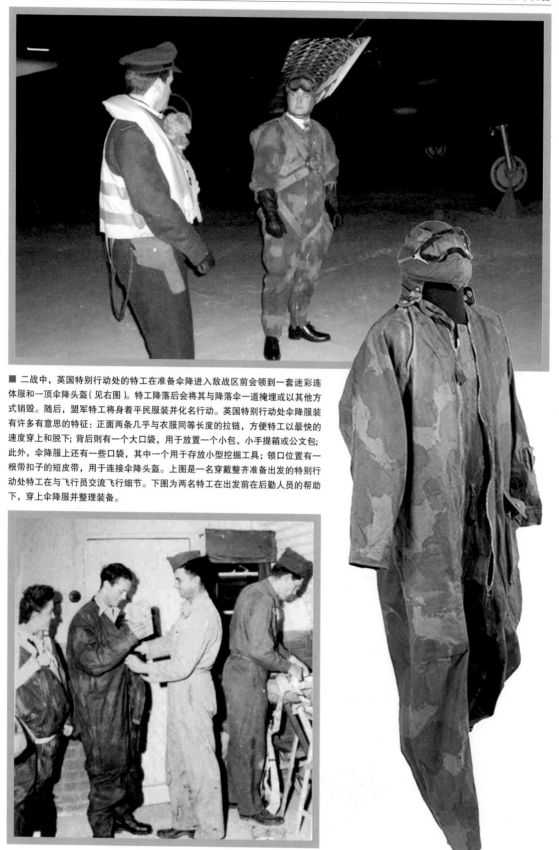

■ 二战中，英国特别行动处的特工在准备伞降进入敌战区前会领到一套迷彩连体服和一顶伞降头盔（见右图）。特工降落后会将其与降落伞一道掩埋或以其他方式销毁。随后，盟军特工将身着平民服装并化名行动。英国特别行动处伞降服装有许多有意思的特征：正面两条几乎与衣服同等长度的拉链，方便特工以最快的速度穿上和脱下；背后则有一个大口袋，用于放置一个小包、小手提箱或公文包；此外，伞降服上还有一些口袋，其中一个用于存放小型挖掘工具；领口位置有一根带扣子的短皮带，用于连接伞降头盔。上图是一名穿戴整齐准备出发的特别行动处特工在与飞行员交流飞行细节。下图为两名特工在出发前在后勤人员的帮助下，穿上伞降服并整理装备。

伞兵裤

英军伞兵裤在作战服裤子的基础之上改进而来，于1943年开始装备。伞兵裤在髋部有两个常规的裤子口袋。左大腿位置则设计了一个带3颗扣子（两颗为金属摁扣，中间一颗为塑料扣）和袋盖的风箱褶大口袋；这三个口袋都加了羚羊皮衬里，后期款的衬里则为白色布料。裤子上还有三个小口袋用于放急救包，两个位于臀部，一个在右胯部。右裤腿侧面缝开了一个放置匕首的暗袋。英军伞兵裤只装备于伞兵部队，但士兵在日常或出行时，则需要身着标准的作战服裤子。

■ 图为英国陆军1943型伞兵裤模特展示正面照和背面照。他用背带作为支撑。

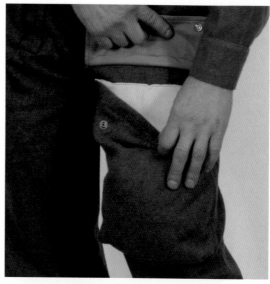

■ 上图为英国陆军1943型伞兵裤右腿正面风箱褶大口袋打开袋盖特写，可以看到里面缝了白色布料衬里。这个口袋可以让伞兵在行动中携带更多弹药

■ 上图为英军伞兵裤臀部特写。其标签位于左臀上方。

■ 下图为英军伞兵裤匕首袋插入匕首的特写。这种英军突击队匕首的皮革刀鞘上端有两条切缝，从而可以在将匕首放入口袋时扣住匕首袋上的一个塑料扣，避免匕首在伞兵跳伞和行动中遗失。

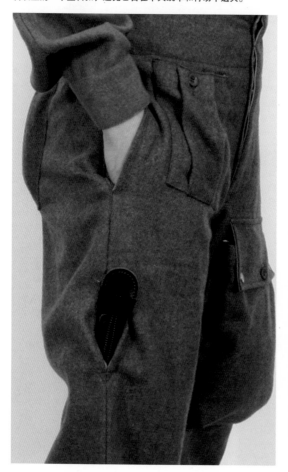

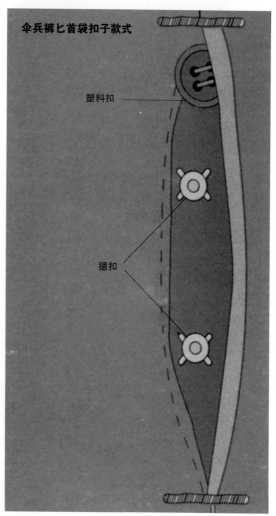

伞兵裤匕首袋扣子款式

塑料扣

摁扣

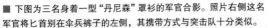

■ 上图为一条1940型英军突击队作战服裤子模特展示。该裤子由1940型作战服裤子改进而来，只在左小腿位置上增加了两个用于固定FS战术匕首的布条扣。

■ 下图为三名身着一型"丹尼森"罩衫的军官合影。照片右侧这名军官将匕首别在伞兵裤子的左侧，其携带方式与突击队十分类似。

■ 上图是英军FS战术匕首实物。这种匕首由威廉·费尔拜恩（William Fairbairn）和埃里克·塞克斯（Eric Sykes）战前供职于上海公共租借巡捕房期间发明。这种匕首后在二战中因首先被英军突击队采用而又被称为突击队匕首。

伞降空降着装

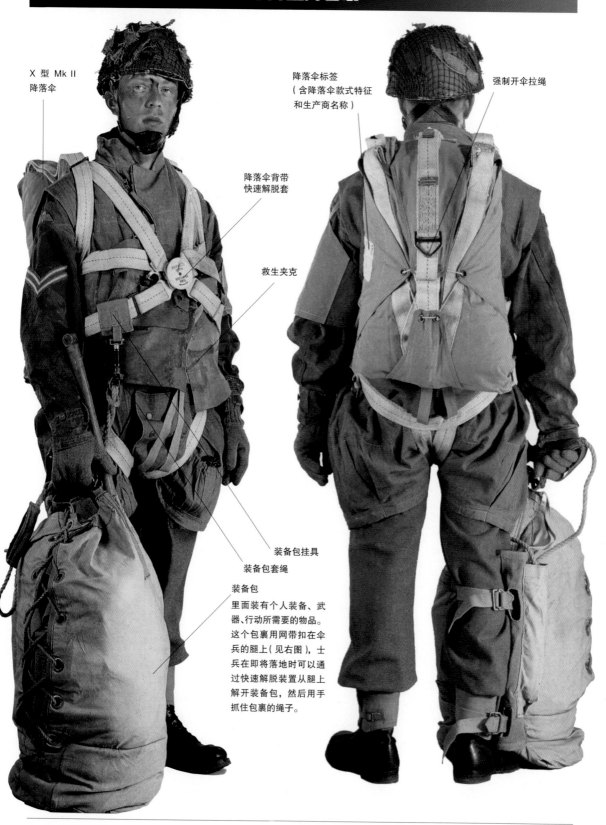

X 型 Mk II
降落伞

降落伞标签
（含降落伞款式特征
和生产商名称）

强制开伞拉绳

降落伞背带
快速解脱套

救生夹克

装备包挂具
装备包套绳

装备包
里面装有个人装备、武
器、行动所需要的物品。
这个包裹用网带扣在伞
兵的腿上（见右图），士
兵在即将落地时可以通
过快速解脱装置从腿上
解开装备包，然后用手
抓住包裹的绳子。

■ 上图为英军 X 型 Mk II 降落伞，各部件图解如下：

1. 吊带；
2. 强制开伞拉绳；
3. 开伞拉绳延长扣；
4. 快速解脱套；
5. 背带扣；
6. 伞包；
7. 座带 (背带主体部分)；
8. 股带；
9. 固定伞包的后背带，其为前胸背带的延长部分，需要交叉固定伞包上的 4 个带摁扣的布套。

X 型 Mk II 降落伞

伞盖直径：7.925 米
伞绳数量：28 根
伞绳长度：7.62 米
伞盖面料早期为丝绸，后期为特殊处理的棉布。
使用寿命：25 年

■ 英军伞兵伞降着装模特展示。通过携带一个挂在腿上的装备包，将一些单兵装备放在包中，可以避免在伞降过程中出现事故。

■ 上图为在1944年的一次英国空降部队演习前，乔治六世国王检阅了一些全副武装的英国伞兵。

■ 下图为正在机舱内等待跳伞命令的英国伞兵。

伞兵战斗着装

■ 图为1944年6月诺曼底登陆期间的英军伞兵布伦机枪射手装扮。装备中只有水壶因放在了背包里未能展示出来。

提示：除本章节提到的空降部队特殊制服和装备外，英军空降部队的其他制服装备与步兵一致。本书前面章节已经介绍了空降部队头盔和贝雷帽。空降部队基本单兵装具为1937型和改进的1942型。

■ 图为诺曼底登陆期间的英军滑翔机机降步兵装扮。身后背了一个卑尔根背包（Bergen Rucksack）。尽管穿着"丹尼森"罩衫，但他依旧穿着一条标准的陆军作战服裤子。其服装和装备搭配基本与伞兵一致，但英军滑翔机机降部队的一些单位会用卑尔根背包代替干粮袋式背包。

空投箱和柳条空投箱

空投箱

英军空降部队装备了多款由坐落在曼彻斯特附近皇家空军林卫机场的中央空降研究所（Central Landing Establishment）设计的空投补给箱。这些空投箱在顶部安装了降落伞，且根据所装载的补给物资类型，降落伞的颜色也有所区别，通常为蓝色、黄色、红色和白色。底部则进行了缓冲设计，可以抵消空投箱落地时所产生的巨大冲击力。

英军装备数量最多的空投箱为 Mk I 型。这种圆柱形金属空投箱长170厘米，直径为40厘米，内衬为板条，并可以用可拆卸的木板隔板对箱内进行分区。通过三组闩扣可以开闭空投箱。Mk I 型空投箱空重46公斤，最大载重159公斤（含箱子重量）。

■ 上图为1944年9月，英军向被包围在阿纳姆的伞兵部队空投补给。照片中一具 MK 1 型空投箱在两具降落伞的拖曳下，缓慢降落。

■ 下图为一名士兵正在为挂在轰炸机弹舱内的 Mk 1 型空投箱的伞包挂好开伞索。这张照片拍摄于1945年8月日军投降后，皇家空军准备向位于荷属东印度和新加坡地区的盟军战俘营空投补给物资。

Mk I 型空投箱几种物资分装方式范例

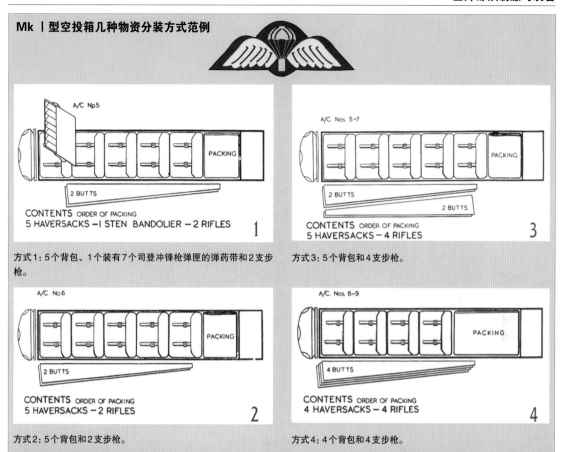

方式1：5个背包、1个装有7个司登冲锋枪弹匣的弹药带和2支步枪。

方式3：5个背包和4支步枪。

方式2：5个背包和2支步枪。

方式4：4个背包和4支步枪。

■ 1944年夏天，一架"哈利法克斯"轰炸机在意大利布林迪西机场，准备向华沙起义军空投物资。照片中地面上放置着一批MkI型空投箱，士兵们抱着空投箱伞包，准备将其安装到空投箱上。

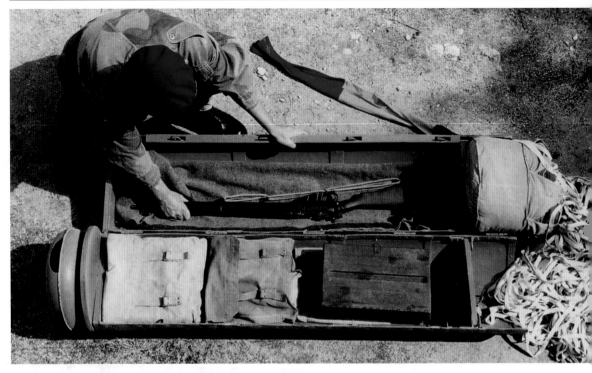

■ 上图一个 Mk I 型空投箱的内部结构。

■ 下图为"市场 – 花园"行动中，两名英军伞兵正从几个 Mk I 型空投箱中取出 PIAT 反坦克炮弹发射器弹药。这些空投箱上头涂有不同颜色的代码，可以让地面接收人员迅速识别出里面的物质类别，而不必先打开它。

■ 上图为"市场花园"行动期间，一名英军伞兵正在解开一个装 No.21 型无线电台的 Type F 型空投箱的降落伞。

■ 右图为用于空投 No.21 型无线电台的英军 Typ F 型空投箱。

■ 下图为用于空投 No.18 型无线电台的英军 Typ E 型空投箱。

柳条空投箱

英军空降部队装备的柳条空投箱为长方形，尺寸可以根据载重重量进行调整。每个柳条箱实际上由两个柳条筐组成，一个稍微比另一个大一点，作为盖子使用。这种柳条箱长约91.5厘米，宽约51厘米，高度为41厘米；但是，通过抬高作为盖子的柳条筐，可以将高度抬升至76厘米；空重约22.5公斤（含降落伞和绳索），最大载重158公斤。另外，英军空降部队还装备了一种带独立盖子和锁销的柳条空投箱，其边框用木条和皮革或布料，强化了空投箱的强度，可以单独空投，亦可以两个捆扎在一起进行空投。

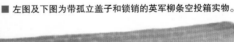
■ 上图为一个带降落伞并捆扎好的英军柳条空投箱。

■ 左图及下图为带孤立盖子和锁销的英军柳条空投箱实物。

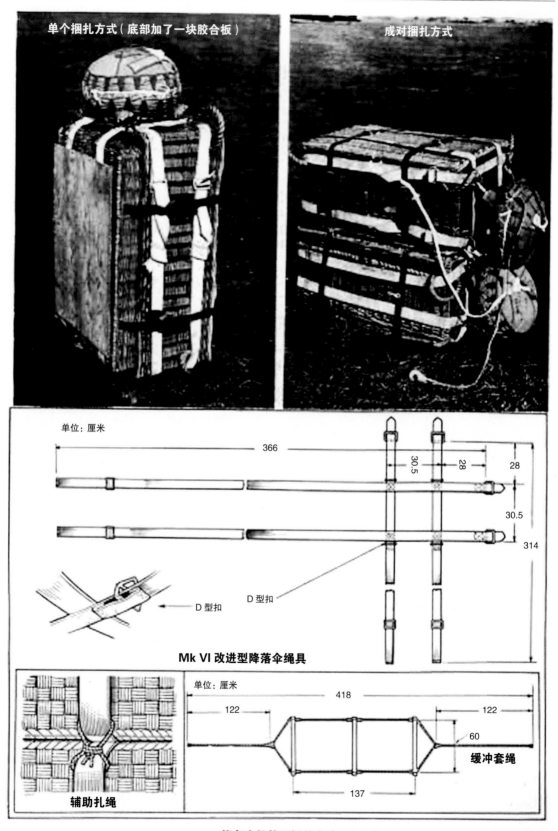

单个捆扎方式（底部加了一块胶合板）

成对捆扎方式

单位：厘米

366

30.5 　 28 　 28

30.5

314

D 型扣

D 型扣

Mk VI 改进型降落伞绳具

单位：厘米

418

122 　 122

60

137

缓冲套绳

辅助扎绳

柳条空投箱及捆扎方式

■ 上图为两名军官在查看已经捆扎好准备装上运输机的柳条空投箱。通常情况下，柳条空投箱都是两个一组进行空投的。

■ 下图为几名士兵在运输机机舱内检查柳条空投箱的降落伞伞包，为空投工作做最后的准备。

■ 上图为"市场－花园"行动期间的1944年9月19日，一具携带着柳条空投箱的降落伞正缓缓降落在英国第1空降师位于奥斯特贝克（Oosterbeek）的哈滕斯泰因饭店（Hartenstein Hotel）的师指挥所附近，一些英军伞兵搭乘吉普车，准备接收空投物资。

■ 下图为"市场－花园"行动中，几名英军伞兵正解开捆扎在柳条空投箱上的绳索，准备取出里面的物资。

■ 下图中，几名士兵从柳条空投箱中取出了两个6磅反坦克炮弹药箱。照片中可以看到这种箱子的两个柳条筐。

■ 上图为皇家陆军军械部队于1943年的一次活动中展示的空降部队制服、武器和装备。照片中包括司登冲锋枪弹匣包、背架、伞包、罩衫、柳条空投箱、伞兵假人、折叠自行车、迷你摩托车、布伦机枪手提包、No. 4 Mk1* 型步枪、司登冲锋枪、便携式水袋、折叠式手推车和一门6磅炮等。

伞兵携带的武器装备示例

步枪手

1 支 No. 4 Mk1* 型步枪；

1 个防毒面具；

2 个各装有 2 个布伦轻机枪弹匣的基础弹药袋；

1 把刺刀和刺刀套；

2 枚装在"丹尼森"罩衫口袋里的手榴弹；

1 根套绳；

1 把 FS 战术匕首；

2 个背包；

1 个水壶；

1 支挖掘工具；

1 把通用铁铲或鹤嘴锄。

下士、班长

1 支司登冲锋枪；

1 个防毒面具；

1 个装有7个冲锋枪弹匣的弹匣包；

2 枚手榴弹；

1 把 FS 战术匕首；

1 根套绳、1 个背包、1 个水壶；

1 把通用铁铲或鹤嘴锄；

1 支挖掘工具。

布伦机枪手

1 挺布伦轻机枪；

1 个布伦轻机枪器材包；

1 个防毒面具；

2 个各装有两个布伦轻机枪弹匣的基础弹药袋；

1 把 FS 战术匕首；

1 支带弹药或弹匣包的转轮手枪或自动手枪；

2 枚手榴弹；

1 根套绳；

1 个干粮袋；

1 个水壶；

1 支挖掘工具。

背包内物品
（对于上述三种伞兵而言）

背包所装物品和步兵的一样。执行空降行动时，伞兵两天的口粮包括：两包24小时口粮和一些应急口粮罐头。

■ 上图为1944年5月19日在一次皇室视察第6空降师活动中，一名军官正在向英王乔治六世、伊丽莎白王后和伊丽莎白公主，介绍伞兵部队在行动中所需要携带的各类炸药和爆破器材。照片中可以看到多辆折叠式手推车。

■ 下图为一辆属于英军第16（伞兵）野战急救单位（16th Parachute Field Ambulance）的折叠式手推车，装了一具折叠式担架、两个背包和一个医药包。这种手推车前方系了两根拉绳。

■ 下图折叠式手推车的实物。

网布装具

1937型网布装具

1937型网布装具于1937年开始试验性装备于英军和英联邦国家军队，用于代替1908型和1925型网布装具。这款网布装具后来成为二战英军、英联邦国家军队和一些欧洲流亡政府军队的制式单兵装具，直至战后被1958型网布装具所取代。

三十年代，在英国陆军逐渐开始装备诸如布伦轻机枪和计划中的机械化升级进程中，英国陆军需要研发一款新型单兵基本装具。各种新式武器以其高火力射速需要士兵在战斗中携带较以往

更多的弹药，而机械化升级则意味着士兵以后在机械化行军中，可以解除身上的装具而更加轻松。另外，随着战争环境越来越复杂，士兵往往需要在战场上转换不同的任务角色。因此新型网布装具应采用灵活设计，不同的装具间可以根据士兵角色需要进行互换和调整。

1937型网布装具于1938年6月8日定型，随后在1939年开始大规模装备英军。二战末期，英国生产了一些丛林绿色版1937型网布装具，装备

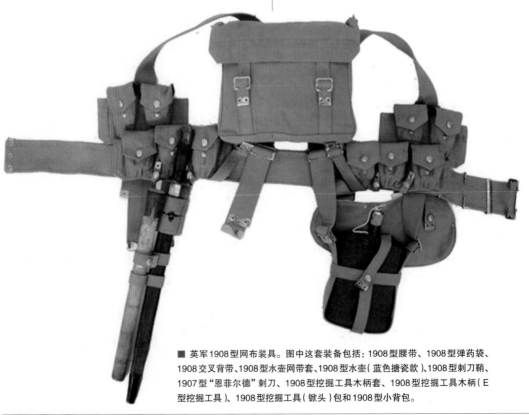

■ 英军1908型网布装具。图中这套装备包括：1908型腰带、1908型弹药袋、1908交叉背带、1908型水壶网带套、1908型水壶（蓝色搪瓷款）、1908型刺刀鞘、1907型"恩菲尔德"刺刀、1908型挖掘工具木柄套、1908型挖掘工具木柄（E型挖掘工具）、1908型挖掘工具（锹头）包和1908型小背包。

于在太平洋战场作战的英军。1944年，英军又装备了一种适应潮湿丛林环境的1944型网布装具，其特点是重量更轻，易于干燥且进行了防霉处理。尽管1944年网布装具在二战后的一些殖民地武装冲突中仍装备于英国陆军，但没有普遍取代1937型，并最终与1937型一道被1958型所取代。但是，英军此后在一些庆典仪式上仍使用1937型，并且直到九十年代仍向军官学员发放。

1937型网布装具使用坚质编织面网布制成。这种网布的棉线在编织前进行了防水和染色处理。1937型网布装具的扣件和挂钩使用黄铜冲压制成（战后版为黑钢片材质）。陆军版1937型网布装具为卡其色，亦可以在这个颜色之上染上其他颜色，如皇家空军采用豆青色（淡绿色）和蓝灰色，宪兵部队则采用白色的1937型网布装具。

1937型网布装具标准组成部分包括一根腰带、一副交叉背带、弹药袋、一个水壶网带套和一个小包。在全副武装行军时，1937型网布装具还应携带一个1908型背包（大背包）。另外，其以可以携带一个挖掘工具包和1907型SLME型步枪（"李－恩菲尔德"弹匣式短步枪）和"李－恩菲尔德"No.4 Mk1[*]型号步枪的刺刀鞘。根据"行军条例着装"和"战斗条例着装"，士兵可以以不同的组合方式使用1937型网布装具。军官和装甲车辆乘员则分发到了一些额外的装具，如望远镜包、手枪弹药袋、指南针袋等。

基本装具

1937型网布装具根据不同任务角色包括5种基本款式：分别装备于：

步枪手和所有装备步枪、冲锋枪或布伦机枪的士兵；

非步兵单位中装备步枪的士兵；

军官（皇家装甲部队除外）和一些军士；

装备转轮手枪或自动手枪的士官（皇家装甲部队除外）；

皇家装甲部队成员的装具。

1942年，英国陆军对1937型网布装具携带条例进行了修改：

1937年为步兵重新装备的挖掘工具，开始装备于所有参加战斗的人员；

基础弹药袋尺寸升高2厘米，以便可以放司登冲锋枪弹匣；

开始装备Mk II型刺刀的刺刀鞘。

■ 英国陆军1907型常服与1908型网布装具搭配展示图。

■ 上图为1939年，几名女王皇家团（西萨里团）的新兵在营房里整理内务，可以看到每名士兵的折叠床身后的围挡上都挂着1副1908型帆布网布装具。

■ 下图为1940年5月，女王皇家团（西萨里团）的新兵们正在聆听教官训话。这些士兵身上都背着1908型网布装具，且都打着绑腿。这种衣着打扮，让他们看起来根本不像二战期间的英军士兵。

1939年颁布的《1937型网布装具条例》

1. 步兵1937型网布装具正面展示。

2. 步兵1937型网布装具背面展示。

■ 上图为英国陆军在1939年颁布的《1937型网布装具条例》(即《1939年条例》), 图文并茂地介绍了1937型网布装具的搭配方式。

5. 军官版1937型网布装具展示。

3. 非步兵单位装备步枪的人员的1937型网布装具正面展示。

4. 全副武装行军时的1937型网布装具背面展示。

8. 步兵1937型网布装具平摊开后的内面展示。

9. 步兵1937型网布装具腰带和交叉背带平摊开后的内面展示。

6. 装备转轮手枪或自动手枪的人员(皇家装甲部队成员除外)的1937型网布装具展示。

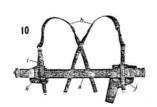

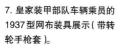

7. 皇家装甲部队车辆乘员的1937型网布装具展示(带转轮手枪套)。

10. 装备转轮手枪或自动手枪的军士(皇家装甲部队成员除外)1937型网布装具平摊开后的内面展示。

11. 军官1937型网布装具平摊开后的内面展示。

■ 上两图为英军刚开始装备1937型网布装具时，一名士兵在展示这款装具。此时他只佩戴了腰带和一副基础弹药袋和一个小背包。

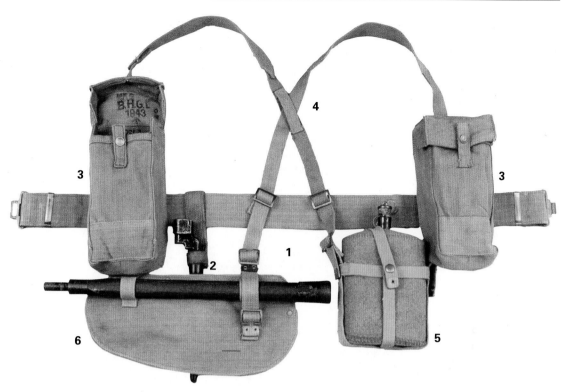

■ 1937型网布装具步兵基本套装：

1. 腰带，共三个尺寸——小号（111厘米）、大号（127厘米）和特大号（142厘米）；

2. 刺刀和刀鞘；

3. 基础弹药袋；

4. 交叉背带；

5. 两品脱（1136毫升）水壶和水壶网带套；

6. 挖掘工具套。

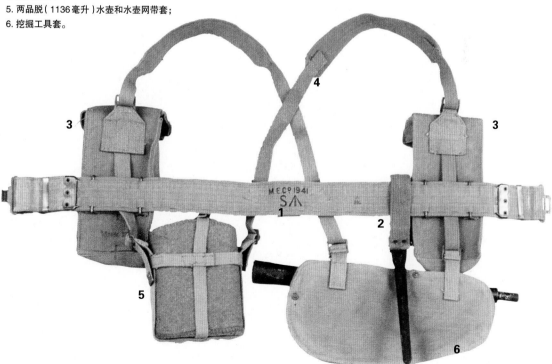

■ 一名正在执勤的英军步兵。照片中他身着一套1940型作战服和裤子并携带了一套1937型网布装具步兵基本套装。

■ 1937型网布装具步兵战斗条例套装：

1. 腰带；

1a 和 1b. 背包带和背带；

2. 基础弹药袋；

3. 水壶；

4. 挖掘工具；

5. 背包；

6. 防潮垫；

7. 防毒面具包（其掩盖了一把刺刀）；

8. 搪瓷水杯。

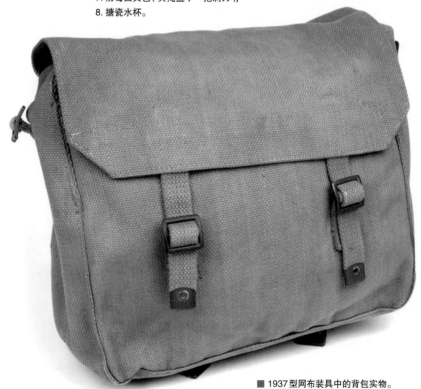

■ 1937型网布装具中的背包实物。

■ 图为1944年3月，两名英军士兵正在展示1937型网布装具和装备。步枪手的网布装具和装备搭配方式基本为战斗条例着装。他还携带了一把工兵铲和一把砍刀。

■ 上图为1944年6月26日，"赛马"行动期间，第15（苏格兰）步兵师所属皇家苏格兰燧发枪手团第6营的部队，正依靠一条凹路土墙作为掩护与德军交火。照片中的士兵都以战斗条例着装携带1937型步兵装具，但基本都没有携带防毒面具包。

■ 下图同样拍摄于1944年6月26日，为第15（苏格兰）步兵师所属锡福特高地人团第7营的部队，以战斗条例着装，在出发阵地上等待行动的命令。

■ 上图为"赛马"行动期间正行进在诺曼底的圣芒维厄诺尔雷的乡村小路上的皇家苏格兰燧发枪手团第6营的部队。照片中这些士兵都身着战斗条例着装，搭配1937型网布装具，其中两名士兵还携带了一把鹤嘴锄。

■ 左图为非步兵单位中装备步枪的人员装备的一种弹药袋，两个构成一组，与步兵基础弹药袋一样佩戴在腰带上，共可以携带8个5发装弹夹。

■ 下图为"赛马"行动期间，皇家苏格兰燧发枪手团第6营 B 连第12排的几名士兵在出发阵地上准备行动。照片中央这名士兵还携带了一个望远镜包。

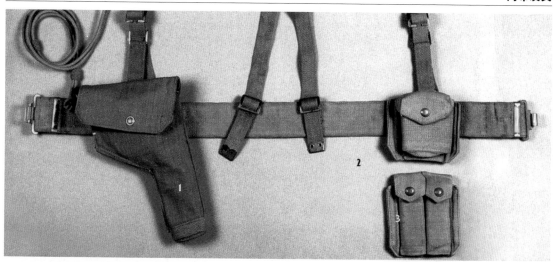

■ 上图及下图为装备转轮手枪或自动手枪的人员1937型网布装具（皇家装甲部队成员除外）：1. 手枪套；2. 12发转轮手枪弹药袋；3. 美制M1911A1手枪或勃朗宁"HP 35手枪弹匣袋。

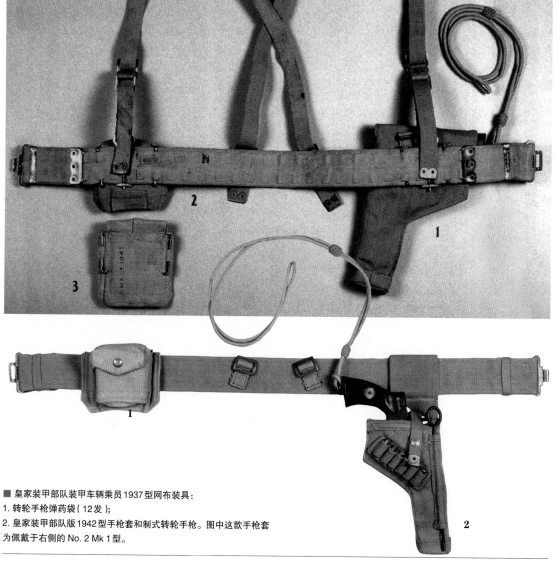

■ 皇家装甲部队装甲车辆乘员1937型网布装具：

1. 转轮手枪弹药袋（12发）；

2. 皇家装甲部队版1942型手枪套和制式转轮手枪。图中这款手枪套为佩戴于右侧的 No. 2 Mk 1型。

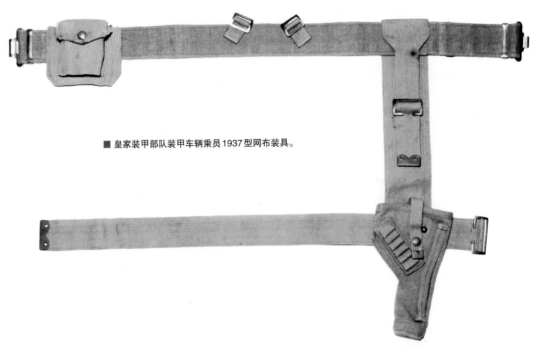

■ 皇家装甲部队装甲车辆乘员1937型网布装具。

■ 图为一个英军坦克车组，这4名装甲兵都穿戴着皇家装甲部队1937型网布装具，用皇家装甲部队转轮手枪套在右大腿位置携带了一支转轮手枪。

■ 图为一次演习中，皇家坦克团第 43 营 A 中队的几名坦克车长站在一辆"丘吉尔"坦克上，听取中队长讲解演习细节。照片中坐在炮塔上的中队携带了一支自动手枪和相应的 1937 型网布装具，左侧的一名车长则携带转轮手枪版 1937 型网布装具。

■ 上图及下图为步兵军官1937型网布装具：1. 腰带和背带；2. 手枪套；3. 手枪弹药袋；4. 军官背包；5. 望远镜包；6. 指南针袋。在背带两头装上水壶扣子，可以安装水壶网带套，从而可以在右侧携带一个水壶。

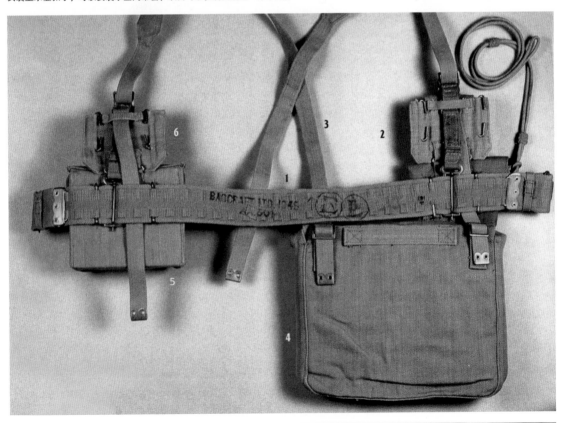

■ 一件英军上校作战服上衣与军官1937型网布装具搭配展示图。

■ 上图为4名正使用转轮手枪进行射击练习的英国陆军军官，他们都穿戴着步兵军官1937型网布装具。

■ 皇家装甲部队军官1937型网布装具：

1. 腰带；

2. 背带；

3. 手枪弹药袋；

4. 望远镜包；

5 转轮手枪套。

■ 上图为 1939 年 10 月 6 日在法国阿拉斯（Arras）附近，皇家坦克团第 4 营的一些士兵在一处农场空地上展示 .38 英寸转轮手枪。这些士兵都佩戴着别在大腿上的 1937 型转轮手枪网布枪套。

■ 下图为 1945 年 1 月 20 日，第 7 装甲师的一个"克伦威尔"坦克车组的 4 名成员，站在坦克旁边吃午餐。可以看到照片中有两名士兵携带了手枪，但使用不同的手枪套。

背包与重物携具

■ 上图为英军卑尔根背包实物。

■ 右图为现代军迷将自己装扮成了一名英军突击队员。他穿着一条突击队裤子，背着一个卑尔根背包。这种最初装备于山地部队的帆布背包设计了金属框，主要装备于一些身后没有运输车辆，且执行任务时又需要携带一些大背包或干粮袋式背包所无法携带的装备器材的部队，如突击队。

■ 下图中这名军迷将自己打扮成了一名突击队中士。他为自己装备了一支"汤姆森"冲锋，携带着1937型网布装具和一个卑尔根背包。

■ 上图为1944年6月6日，一支负责支援英国陆军第3步兵师的皇家海军陆战队突击队登上"剑"海滩，向诺曼底内陆挺进。照片背景处可以看到一辆"丘吉尔"架桥坦克。这些突击队员尽管隶属于皇家海军，但其装备与陆军突击队一样，同样也有卑尔根背包。

■ 左图同样拍摄于1944年6月6日的诺曼底登陆行动：英国陆军第1特勤旅的一支突击队从小型步兵登陆艇下船，涉水登上"剑"海滩的"女王红色"滩头（Queen Red Beach）。照片近景处这名士兵背着一个装满了装备和器材的卑尔根背包。红色箭头所指正在涉水的军官为第1特勤旅旅长西蒙 · 弗拉泽准将（Simon Fraser）。

■ 上图为1944年6月6日，第1特勤旅所属第4突击队与第13/18皇家轻骑兵团B中队的"谢尔曼"DD型坦克，向诺曼底内陆地区挺进。照片中的突击队员们大多背着卑尔根背包。

■ 下图为在一次拉练演习中，高地轻步兵团第5营的一些士兵，涉水通过苏格兰莫纳利亚山（Monadhliath Mountains）地区的一条湍急的小溪。这些士兵都背着卑尔根背包。

■ 左图为皇家陆军军械部队一次展览活动中展出的网布装具。

■ 右图为英国陆军在二战中装备的两种行李包，用于携带一些官兵在战斗中无法携带的物品。在前线，这些行李包通常由营摩托化运输单位保管和运输。
1. 第一版行李包；
2.1944年开始装备的第二版行李包。

■ 上图为一名军迷展示一种可以背在身前和身后的装备背包。

■ 右侧两图为一种金属背架携带装备箱的背视和侧视图。

工具

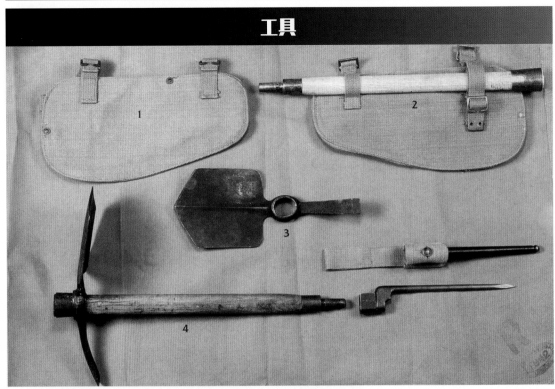

■ 上图为英国陆军1942年重新装备的挖掘工具展示（顺带展示了一把刺刀和刀鞘）。

1. 挖掘工具包，战场上亦可以用来携带靴子清洁工具，如鞋油、抹布和鞋刷；

2. 挖掘工具包与挖掘工具整套装备（步兵携带的方式）：手柄扣在工具包之外；

3. 挖掘工具头：一面为铲子，一面为锄头；

4. 组装好的挖掘工具。

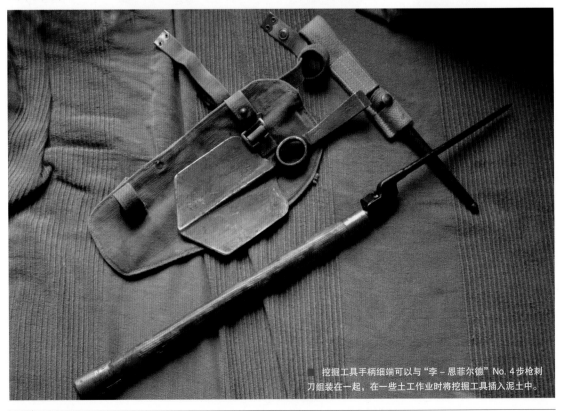

■ 挖掘工具手柄细端可以与"李－恩菲尔德" No. 4步枪刺刀组装在一起，在一些土工作业时将挖掘工具插入泥土中。

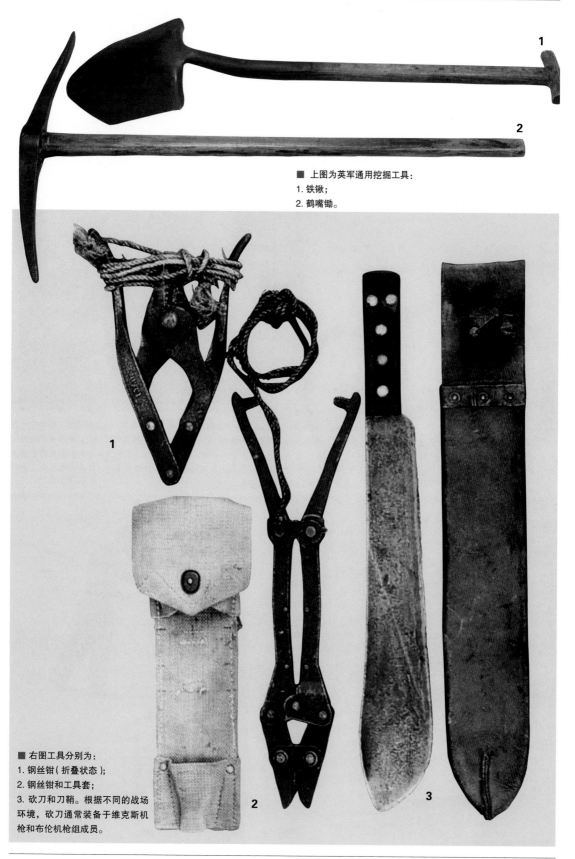

1

2

■ 上图为英军通用挖掘工具：
1. 铁锹；
2. 鹤嘴锄。

1

2

3

■ 右图工具分别为：
1. 钢丝钳（折叠状态）；
2. 钢丝钳和工具套；
3. 砍刀和刀鞘。根据不同的战场
环境，砍刀通常装备于维克斯机
枪和布伦机枪组成员。

其他装备

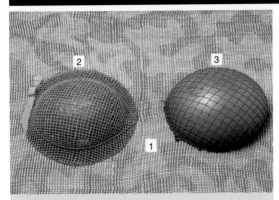

■ 英国陆军伪装网：1. 面纱（单兵伪装网）；2. 细网眼头盔伪装网；3. 宽网眼头盔伪装网。

■ 上图为一些英军士兵将各自的套绳（见左侧实物）连接在一起进行攀岩训练。这种1.8米长的套绳为英军突击队和伞兵团的制式装备，一端为绳套，一端为绳钉。下图为英军突击队员将套绳连接在三根架设在接到两侧建筑物的长绳上，搭建一座绳桥，进行模拟训练。

汽油罐和水罐

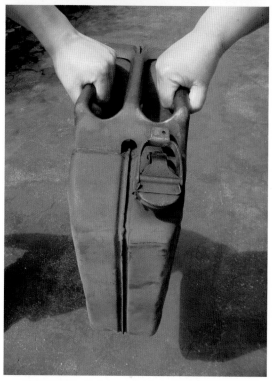

■ 上图的英军 WD BMB 1943型汽油罐由坐落在伦敦达格纳姆区（Dagenham）的布里格斯汽车有限公司（Briggs Motor Bodies Ltd）生产，容量为4.4加仑（英制加仑，20升）。除装燃油外，这种汽油罐还可以用于储存饮用水，但必须用白色颜料对壳体加以标注，或在壳体下部标注英文 "Water"（水）。

■ 上图英军这款汽油桶设计了三个提把，从而可以单人手提，亦可以两个人抬起。

■ 盟军登陆诺曼底后，在此地设立了大量燃油堆积点。下图便为当时的一处燃油堆积点，美军士兵正为大量整齐排列的汽油罐加油。

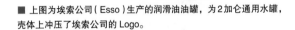

■ 上图为埃索公司（Esso）生产的润滑油油罐，为2加仑通用水罐，壳体上冲压了埃索公司的 Logo。

■ 上图为英军2加仑（9升）通用水罐，其最初为维克斯重机枪的冷却水灌，也时常被用于储存其他油料和液体：如润滑油和饮用水，但需要在壳体用特殊的颜色和词语醒目注明。

■ 上图为壳牌麦克斯英国石油公司生产的润滑油，同样为英军2加仑通用水罐。

■ 左图为1944年7月12日的诺曼底前线某地，一些士兵正在用4.4加仑汽油罐和两加仑水罐从一辆贝德福德 MWC 4X2型 200加仑水罐车上取水。汽车水罐左侧标志为第12军徽标，右侧黑底白色数字68代表这辆水罐车隶属于一个伤员后送站。

救生装备

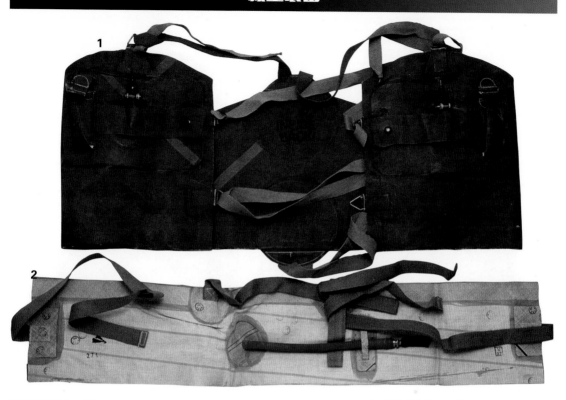

■ 上图为英国陆军救生用品：1. 救生衣、2. 救生带（life belts）。

■ 下图为诺曼底登陆行动前夜，准备登机启程的英国伞兵与一些伞降野战急救单位的士兵们一起分享香烟。照片中许多人都身着救生衣，以免在飞行和伞降过程中落水溺亡。

战斗背心

战斗背心

注：英军原本计划用1942型战斗背心（Battle Jerkin）取代1937型网布装具，因为后者的各种装具在士兵运动中过于笨拙限制了士兵的运动能力。1944年初，英军为加拿大第3步兵师的突击队提供了英国产的1942型战斗背心，进行试验性装备。最终，在诺曼底登陆中也只有少数加拿大部队装备了这种战斗背心。

1942型战斗背心各部分可携带物品

1. 弹药袋；
2. 口粮、餐具、羊毛衫、洗漱包、袜子、炊具、便帽；
3. 挖掘工具头；
4. 手榴弹；
5. 水壶；
6. 砍刀套或2英寸（50.8毫米）迫击炮炮管。
7. 刺刀鞘挂套；
8. 匕首；
9. 挖掘工具手柄；
10. 防潮垫或防毒面具包；
11. 转轮手枪手枪套。

■ 左图拍摄于1944年4月18日在英国苏塞克斯的举行的一次演习中，一个英军2英寸迫击炮组正在开火。照片中两侧的士兵都身着战斗背心，中间这名士兵则穿着一件携带2英寸迫击炮炮弹的战斗背心。

■ 上两图为1942型战斗背心正面和背面实物展示图。

■ 下两图为1942型战斗背心正面和背面模特展示图。

■ 本页及第285页图为英国帝国战争博物馆收藏的两张照片，照片说明为"一名军官展示新装备的突击战斗背心"。

■ 上图为皇家加拿大海军的一名联合行动突击队员，他装备了一支"兰彻斯特"冲锋枪，因此在战斗背心前胸位置上加缝了两个1922型"兰彻斯特"冲锋枪弹匣包。

■ 左图为加拿大苏格兰团的一名士兵在登船前往诺曼底之前穿上了一套1942型战斗背心。他在右侧携带了一支2英寸迫击炮炮管。

■ 下图为1944年6月6日当天，加拿大第3步兵师（一些人推着自行车）从"剑"海滩的"女王"滩向诺曼底内陆地区挺进。照片中这些士兵都穿着1942型战斗背心。

■ 1944年6月6日，一支加拿大第3步兵师的部队行进在法国诺曼底小镇埃尔芒维尔（Hermanville）的街道上。照片近景处两名士兵都穿着1942型战斗背心。步行的这名士兵在背上捆扎了一条包在防潮垫中的毯子。

■ 上图和右图为一名英军突击队员展示一具"救生圈"Mk I 型火焰喷射器和 1942 型战斗背心。

■ 右图为 1944 年 4 月 22 日，在英国境内举行的一次房屋清剿演习中，两名加拿大苏格兰团第 1 营的士兵在一片废墟上休息。这两名士兵都穿着在战斗背心基础上改进的基本突击背心（The skeleton assault jerkin，见上图实物）。

露营装备

■ 上图为1944年5月4日，在一次英军演习中，两名皇家通讯部队士兵在营地中休息。一名士兵侧卧在一顶双人帐篷内。这种帐篷（见左图实物）宽度为170厘米，高度为110厘米，不含门帘长度为2米。

■ 下图为英军帆布水筒和帆布水盆。

■ 下图为英军双人帐篷包。一顶双人帐篷配备了两根木桩、一些拉索和8只钢钉。

■ 上图为英军可折叠式帆布水罐，其容量为15升。

■ 左图为英军睡袋，其亦可以用迷彩帆布制成。

■ 下图为英军防潮垫（1）和毛毯（2）。

小型装备

私人文件和身份证明

私人文件和身份证明

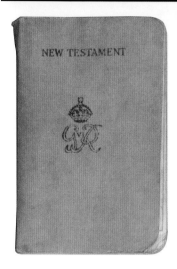

■ 上图为英格兰圣公会向英国士兵发放的
《圣经新约》手册（New Testament）。

■ 上图为1944年7月15日诺曼底地区卡昂
附近，牧师罗伯特·希博恩上尉（Robert
Seaborn，右），递给一名士兵一本《圣经新
约》手册。

■ 左图为1944年10月6日，一名英军牧师
在荷兰的一片田野中，向一群英军士兵布
道。照片右侧可以看到一名士兵手中拿着一
本《圣经新约》手册。

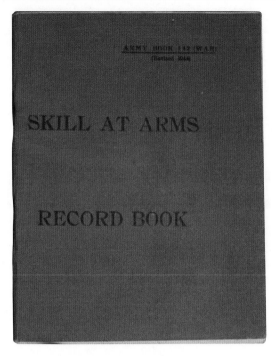

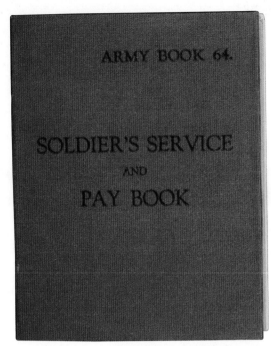

■ 上图为英国陆军《武器技能记录手册》(Skill at Arms record Book)。该手册记录了士兵使用不同步兵武器进行射击测试的成绩。

■ 上图为英国陆军《士兵证与薪水手册》(Soldier's Service and pay book)。作为一种身份证明，该手册需要士兵时刻带在身边。

■ 下图为一名叫伦纳德 · 戴维斯(Leonard Davis)士兵的《士兵证和薪水手册》展示。该手册记录了士兵的编号、姓氏、出生日期、宗教信仰、入伍前职业、入伍地点、各类身体尺寸、疫苗接种情况、受伤情况、受伤或阵亡后应通知的亲属地址和所在部队番号。但是，如果该士兵所在部队为特殊单位，那么其服役期间不记录手册，直至退出陆军。另外，该手册还注名了士兵服役期间的薪水领取记录，以及涨薪或降薪的时间和事由。出生于1910年5月21日的戴维斯于1940年8月15日参军，服役于皇家装甲部队，曾参加北非战役，后被调入第9女王皇家枪骑兵团(9th Queen's Royal Lancers)，战后于1945年11月30日退役。

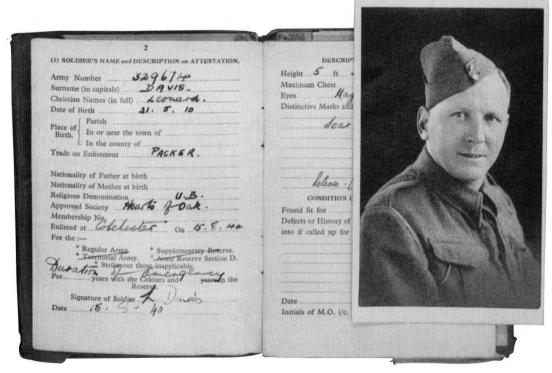

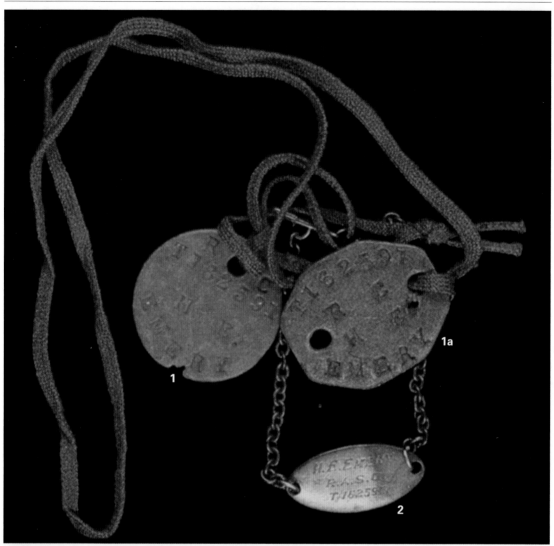

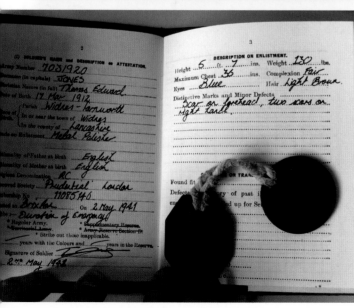

■ 上图为英国陆军身份识别牌示例。英军、身份识别牌使用纤维材料冲压制成，共两块（图中1和1a），用颜色（红色和绿色）和形状进行区别，佩戴在士兵的脖子上。身份识别牌上记录了士兵的编号和姓名；某些士兵的"狗牌"上还记录了其宗教信仰：不同的字母缩写代表不同的宗教，如 CE 为英格兰圣公会；CI 为爱尔兰圣公会；PRES 为苏格兰长老会；R.C. 为罗马天主教；METH 为卫理公会；BAPT 为浸信会；CONG 为公理会；J 代表犹太教；SA 为救世军；CSCI 为基督教信心会；U 为基督教一神论派；PB 为普利茅斯兄弟会（Plymouth Brethren）；Q 为基督教贵格派。士兵阵亡后，战友或己方收尸部门会从其尸体上取下圆形"狗牌"，多边形"狗牌"则会与尸体一同埋葬。为了英军殡葬等级部门日后辨别身份，阵亡士兵的帽徽、部队徽标和任何携带了其士兵编号的物件，都应尽可能放在一个卷烟罐中与尸体放在一起。图中2为一份英军士兵私人定制金属链的"狗牌"，作为制式"狗牌"的备份。

■ 左图为一名叫托马斯·爱德华·琼斯（Thomas Eduard）的士兵证和两枚身份识别牌。

小型单兵物品

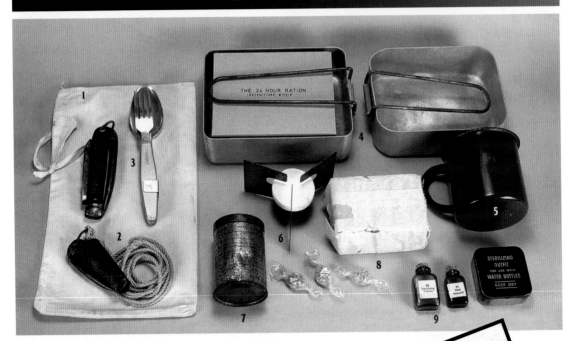

■ 上图英军陆军单兵小型装备分别为：1. 口粮袋、2. 一把带细绳的折叠刀、3. 一套叉子、汤匙和餐刀组合、4. 饭盒和一份24小时口粮、5. 水杯、6. 简易折叠炉和一块固体燃料、7. 固体燃料罐（6块装）、8. 24小口粮中的饼干和糖果、9. 净水片包装盒和两瓶净水片。

■ 下图中物品包括：1. 单兵伪装网、2. 布兰可染料，卡其色或绿色，与水混合用于为网布装具染色或为其修补颜色、3. 用布兰可染料上色的水壶套和水壶。

■ 右图为《伦敦意见》杂志刊登于1944年6月的一张布兰可染料宣传单。

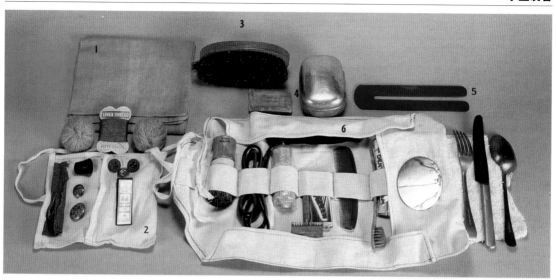

■ 上图物品中包括: 1. 手帕、2. 针线包、3. 发刷、4. 香皂和香皂盒、5. 纽扣板、6. 洗漱包,内含刮胡刀、刀片、梳子、牙膏、牙刷、镜子、手巾、餐刀、叉子、汤匙、修面刷、备用鞋带和剃须皂。

■ 下团为一名英军士兵在刮胡子,他将一面小镜子挂在铁丝网桩上,在照片左侧一节铁丝网末梢插了一团棉花,用于在刮胡子时擦拭出血。

■ 上图为1944年6月13日，第50步兵师所属第69步兵旅旅部的几名皇家通讯部队的摩托车传令兵，集体在战壕后刮脸。

■ 下图为1944年6月27日，两名皇家陆军勤务部队的士兵坐在一堵围墙下休息，右边这名士兵正对着镜子刮脸。他在面前摆放了一些个人洗漱用品。

防化用品

■ 上图为英军单兵防化用品: 1. 1943年开始装备的轻便防毒面具; 1a. 防毒面具包; 2. 毒气预警袖箍: 遭遇敌军糜烂性毒气攻击时, 卡其色的袖箍会变成红色, 英国陆军为每两名士兵装备了一个这种袖箍; 3. Mk II型防毒气眼罩; 4. 一盒消朦膏和一条消毒布; 5. 去污膏 (6支装); 6. 防毒气油, 涂抹在靴子上, 可以防止沾染糜烂性毒气, 其通常存放在挖掘工具包内。

■ 右图为1940年英军莱切斯特郡团第1/5营的一名新兵。他在两袖都佩戴了毒气预警袖箍。

■ 下图为英军毒气预警袖箍模特佩戴展示图。

■ 上图为1940年3月25日，英军远征军一支部队在法国里尔的一所学校中进行防化服穿戴演习，胸前挂着老式防毒面具包的士兵们在一名排长的指导下，穿上一种由绝缘油布制成的防化服装。

■ 下图和中图为英军在二战中装备的一种分体式防化服，其材质同样为绝缘油布。在不使用时候，士兵会将其卷起捆扎好系在身后腰带上，或捆扎在背包盖下。

■ 下图为使用上胶帆布制成的防化靴，其通常装备于洗消单位。这种单位由战斗部队中经过特殊训练的士兵组成。

■ 上图为在一次防毒气进攻演习中，两名英军士兵身着防化服，右手摇着一个毒气警报器，提醒部队做好防毒气进攻准备。

■ 下图为英军毒气警报器特写。这种警报器摇动时会发出嘎嘎声。

■ 上图和下图为英军装备的一种木质毒气警报器。

军队伙食

口粮

战争期间，英国陆军共有两种标准口粮作为部队的主要伙食：野战口粮（Field service Ration）和综合口粮（Compo ration）。

有时候，英军在一些战斗行动中也会向部队发放24小时口粮（24 hour ration）和应急口粮（Emergency Ration）。另外，部队在公路行进和铁路运输时，也会发放背包口粮（Haversack Ration）。

野战口粮

英军规定，若条件允许必须向前线作战部队提供由肉类和冰冻或脱水食材烹饪的热食，而这种伙食必须由陆军餐饮部队或经过陆军餐饮部队培训的人员在机动野战厨房烹饪。

野战面包房负责为部队提供新鲜面包，官兵可以在野战厨房享受刚出锅的菜肴，也可以吃到由专人用食品筒送到阵地的热食。

诺曼底战役期间，英军为口粮运输提供了运输优先权，并建设了一些食品冷库，随后于7月底开始向部队提供野战口粮和新鲜面包，逐渐取代了综合口粮。

综合口粮

英军综合口粮为一箱可以满足14名士兵1天消耗的食品。如果发放了24小时口粮的部队耗尽了口粮，就必须向其发放综合口粮。为了保证伙食的多样性，英军综合口粮设计了7种菜单：A至G类综合口粮，保证一周7天伙食不重复。

这类预烹食品可以由士兵自己加热后再吃。但是，由于综合口粮主要为保鲜食品，因此必须在一定时期里将其占士兵伙食比例控制在最小范围内，尽可能经常向部队提供野战口粮。

除上述A至G类综合口粮外，英军还有三种没有饼干，但包装箱与综合口粮一致的综合口粮：1至3类综合口粮。由于没有饼干，这三种综合口粮必须与新鲜面包搭配。

英军装甲部队乘员有时也携带一种特殊口粮——装甲战斗车辆口粮包（Armoured Fighting Vehicle Ration Pack），其组成部分则根据每辆车的乘员人数进行相应的配比。

英军综合口粮基本菜品包括：红焖羊肉、猪肉烩青菜、牛尾炖豆、带肉汁的牛肉和腰子、牛排与蔬菜和鲑鱼肉。

24小时口粮

这种口粮为一种高能单兵口粮。硬纸板和纸质包装材料的运用，让其包装尺寸小型化和轻质化。同样，英军24小时口粮也可以用小型固体燃料炉加热食用。

24小时口粮让士兵在极端恶劣条件下坚持战斗，直至部队得到综合口粮。

诺曼底登陆期间，英军突击部队每人领到了

两份24小时口粮，并放置在背包中：一份放在饭盒内，另一份则占据了水壶的位置。

背包口粮

对于即将开拔行军的部队，英军会向士兵提供三明治和馅饼，而士兵会将其放在饭盒或口粮袋中。

饮料方面，士兵在出发前会用水壶罐上一壶柠檬饮料，也可以在行军途中享受到热茶，或者在休息时自己煮上一杯。

应急口粮

英军应急口粮为一份金属盒包装的170克富含维他命的巧克力，往往发放给执行特殊任务的官兵。通常，士兵只有在没有其他食物或根据命令才会吃这种高能食品。1944年以后，随着英军开始装备24小时口粮，这种高能巧克力便逐渐失去了其作为应急口粮的特性。

■ 1944年10月25日，在荷兰境内的一处休整营地中，国王什罗普郡轻步兵团第4营的士兵们拿着饭盒和水杯列队领餐。

■ 1945年5月，两名英军厨师在一台野战炊事拖车旁做饭。

■ 1944年12月25日，在德国边境小城盖伦基兴（Geilenkirchen）附近的一片树林中，皇家炮兵部队某部的几名厨师正在为部队准备圣诞餐。

■ 1944年12月19日荷兰小镇巴克瑟姆（Baexem）附近，第53步兵师所属威尔士团第1/5营的一些士兵坐在一张长桌上，等待部队提前供应的圣诞大餐。

■ 上图为1945年3月26日，在莱茵河修建一座桥梁的第73野战连的工程兵，下班后在野战厨房领到了热气腾腾的饭菜。

■ 下图同样拍摄于1945年3月，地点在德国境内某地，黑格裙警卫团的士兵在野战厨房领餐。

■ 上图为1944年12月1日在荷兰某地的一处铁路编组站，皇家工程兵部队第607铁路建设连的一些士兵，在一个铁路值班室前排队打饭。

■ 下图为1944年12月19日，第15步兵师的一名士兵举着一盘圣诞布丁，作势大声呼喊："开饭了！"。

D 类综合口粮

物品名称	数量	每罐重量
肉烩蔬菜	10罐	454 克
培根	3罐	454 克
沙丁鱼	8罐	92 克
浓汤	2包	850 克
香烟（每罐50根）	2罐	
人造黄油	1罐	454 克
巧克力（14块）和糖果	2罐	57 克
糖果和火柴	1盒	454 克
盐		
茶叶、白糖和奶粉	3袋	425 克
蜜饯	1罐	284 克
蔬菜	2罐	510 克
饼干	1罐	212 克
布丁1	1罐	397 克
布丁2	2罐	794 克
肥皂	1包	
卫生纸（84张）		

平均每人的热量摄入量：3600卡路里

综合口粮包装箱主要材料为木头和纤维材料，长55厘米，宽36厘米，高28厘米，包括物品在内总重量为30公斤。

■ 右图为一处英军后勤补给基地，堆放着大量综合口粮。几名英国士兵正在搬运14人份的综合口粮箱。这种口粮为一种前线过渡口粮，在部队消耗完单兵24小时口粮和建立野战厨房期间食用。

■ 下图为两名士兵正在对将一些散落的综合口粮进行重新包装。

■ 上图为1944年8月7日，英军诺森伯兰义勇骑兵团第1营的"谢尔曼"坦克车组在"总计"行动（Operation Totalize）发起前分发综合口粮。

■ 图为一个 D 类综合口粮箱及其所携带的一些口粮展示。

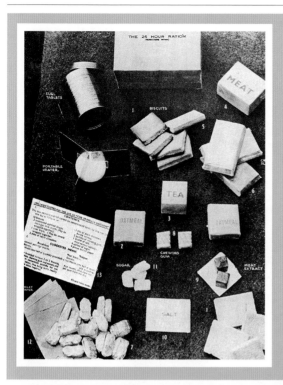

24小时口粮

食物	数量
1. 饼干	10块
2. 粥	2袋
3. 茶粉、白糖、牛奶	2份预混包装，可煮2份奶茶
4. 脱水肉	1袋
5. 葡萄干巧克力	2块
6. 富含维生素巧克力	一块
7. 糖果	若干颗
8. 口香糖	2包
9. 肉羹	2块（与冷水混合食用）
10. 盐	1袋
11. 方糖	4块
12. 卫生纸	4张
13. 使用说明书	一张

总重量：1100克。
热量：4000卡路里。
这些口粮都是贮藏在防水密封、上蜡的硬纸盒中。这种硬纸盒长17.52厘米，宽11.93厘米，高5.84厘米。
可折叠的建议炉和固体燃料与口粮分开单独包装。
24小时口粮说明书除了介绍所含的食品种类和数量外，还列出了一些食品的加工和食用方法，如要求士兵在不能对24小时口粮进行加热烹煮时，一些食物可以干吃，细嚼慢咽，吃的时候或吃饱后不久尽量喝一些水。

■ 1944年5月5日，在盟军筹备"霸王"行动前的一次演习中，英军绿色霍华德团第6营的士兵在登上登陆舰之前，列队领取48小时口粮。48小时口粮主要为两份24小时口粮和一些额外的食品。照片中可以看到有一名士兵拿了两盒24小时口粮。

■ 上图为1944年7月26日，在几名英军宪兵的监督下，两名德军战俘正在分发英军综合口粮中的饼干。

■ 右图为1945年3月28日，一支英军部队向一些逃难的德国难民分发罐头。

■ 上图为几种英军额外的食品和应急食物：1. 葡萄干；2. 应急口粮；3. 巧克力；4. 茶叶粉、奶粉和白糖（140克）；5. 糖果、盐包和火柴。

■ 左图为英军几种野战厨房食品展示，许多都是大包装。

■ 下图为英军的几款卷烟、烟草和点烟物品：

1. 50支装烟筒，为7名士兵一天的供应量；

2. 单兵烟盒；

3. 三军服务社卖的打火机和火柴；

4. 三军服务社卖的10支装卷烟；

5. 听装和纸包装烟草。

■ 上图为1944年10月25日，国王什罗普郡轻步兵团第4营的士兵们正在领餐，一名士兵半蹲在地上为其他士兵分发卷烟。

■ 下图为1945年夏天，一辆属于第21集团军群的三军服务社的移动售卖车，停在柏林勃兰登堡门附近，向英军士兵售卖食品和饮料。

炊具

■ 上图为英军的一种折叠式集体汽油炉，其主要装备于装甲部队：

1. 防风挡板；
2. 油罐；
3. 火力调节阀；
4. 油压泵旋钮。

■ 上图为1944年6月17日，英国第7装甲师所属伦敦郡义勇骑兵团第4营的一个"克伦威尔"坦克车组，在坦克旁使用一个集体汽油炉做饭。

■ 下图为1944年6月诺曼底前线，两名来复枪旅第8营的士兵正在用一个集体汽油炉做饭。照片右侧的士兵正在打开一箱综合口粮。

■ 上图为1945年3月28日在德国某地，第1洛锡安人和边民义勇骑兵团的一个"谢尔曼－螃蟹"扫雷坦克车组，与一些美国第16军的工程兵一起，使用折叠式汽油炉制作饭肴。

■ 右图为1945年4月1日在德国某地，一个英军"弓箭手"自行反坦克炮车组在车辆旁，用一个剪开口子的油桶，点燃汽油，在猛火下用平底锅烹饪食物。

■ 1945年2月荷兰某地，黑格群警卫团的一名士兵使用一个简易折叠固体燃料炉为战友们做饭。

旗帜、地图与通讯装备

国旗与团旗

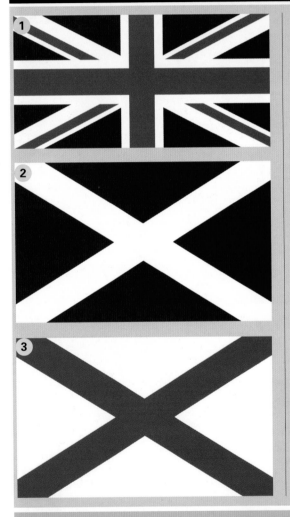

英国国旗不同区域的代表：蓝底和白色交叉十字组成代表苏格兰的圣安德烈旗；红色交叉十字代表爱尔兰的圣帕特里克旗；中央白底十字代表英格兰的圣乔治旗帜。

英国国旗中没有代表威尔士的图案成分，其本身有一面设计了红龙图案的国旗。英国陆军大多数团都有两面旗帜，分别为代表王旗的国旗和团旗。战斗中，这两面旗帜都不能带入战场。英军来复枪团部队则没有团旗。

■ 英国主要国家旗帜：
1. 联合王国国旗；
2. 苏格兰圣安德烈旗；
3. 爱尔兰圣帕特里克旗；
4. 英格兰圣乔治旗；
5. 威尔士国旗。

英国三军传统军种色

皇家海军	陆军	皇家空军
深蓝色	红色	淡蓝色

■ 上图为1945年5月10日，第7装甲师所属皇家骑乘炮兵第5团的一名士兵，在一辆"克伦威尔"炮兵观察坦克上展示一面英国国旗。在整个西北欧战役期间，他一直将这面国旗带在身边。

■ 下图为1944年8月26日，一辆英军陆军影像部队的吉普车插着一面英国国旗，行驶在法国首都巴黎的爱丽舍大街上。

地图标志

1. 带水平仪的 MK III 型指南针；

2. 1943 年产 MK I 型指南针；

3. 微型指南针；

4. 指南针网步袋（皮革衬里）；

5. 眼镜；

6. 放大镜。

桌面为 1/25000 比例地图

1. 手电筒；

2. 荧光指示灯，用于夜间指示行动路线，也可以在夜间固定在单兵装备上；

3. 自发电手电；

4. 露营灯。

作战地图敌我部队位置与运动路线标记方式

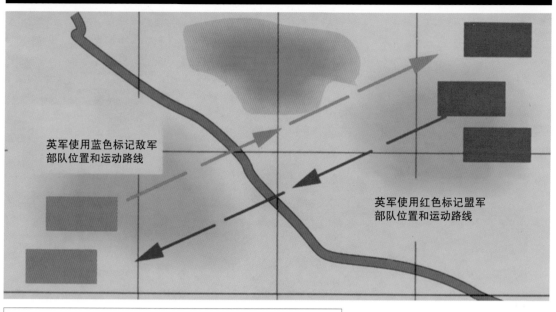

英军使用蓝色标记敌军
部队位置和运动路线

英军使用红色标记盟军
部队位置和运动路线

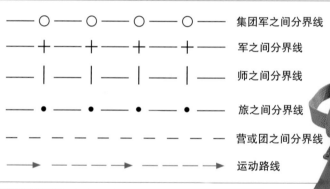

—○—○—○—○—	集团军之间分界线
—+—+—+—+—	军之间分界线
—│—│—│—│—	师之间分界线
—•—•—•—•—	旅之间分界线
— — — — —	营或团之间分界线
➜——➜——➜——➜	运动路线

■ 上图为英军1937型网布地图包。

■ 左图为1945年3月，德国伊苏姆（Issum），英军第8装甲旅旅长乔治·埃罗尔·普里尔–帕梅尔准将（George Erroll Prior–Palmer，右）与麾下的一名军官，在一辆属于诺丁汉郡义勇骑兵团（舍伍德巡游者团）的"十字军"防空坦克（Crusader AA）旁，与麾下的一名军官一道捧着一个1937型网布地图包，研究作战地图。

部队等级与兵种图上标记

英军地图部队标旗

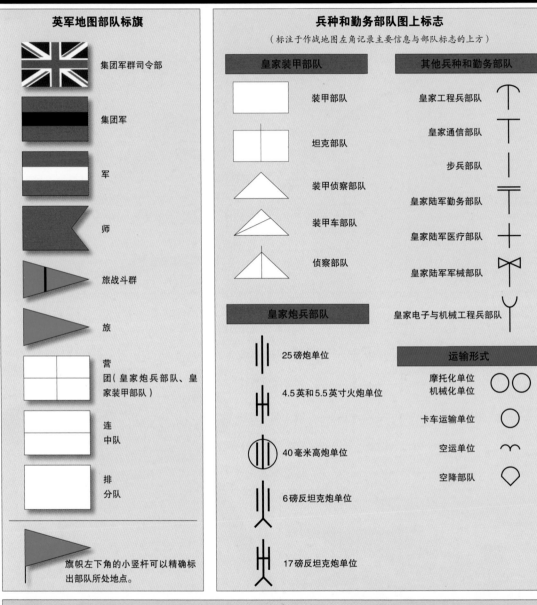

集团军群司令部

集团军

军

师

旅战斗群

旅

营
团（皇家炮兵部队、皇家装甲部队）

连
中队

排
分队

旗帜左下角的小竖杆可以精确标出部队所处地点。

兵种和勤务部队图上标志

（标注于作战地图左角记录主要信息与部队标志的上方）

皇家装甲部队

装甲部队

坦克部队

装甲侦察部队

装甲车部队

侦察部队

皇家炮兵部队

25磅炮单位

4.5英和5.5英寸火炮单位

40毫米高炮单位

6磅反坦克炮单位

17磅反坦克炮单位

其他兵种和勤务部队

皇家工程兵部队

皇家通信部队

步兵部队

皇家陆军勤务部队

皇家陆军医疗部队

皇家陆军军械部队

皇家电子与机械工程兵部队

运输形式

摩托化单位
机械化单位

卡车运输单位

空运单位

空降部队

示例

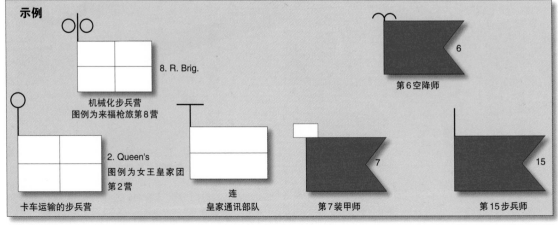

8. R. Brig.

机械化步兵营
图例为来福枪旅第8营

2. Queen's
图例为女王皇家团第2营

卡车运输的步兵营

连
皇家通讯部队

第6空降师

第7装甲师

第15步兵师

望远镜、战术器材和指南针

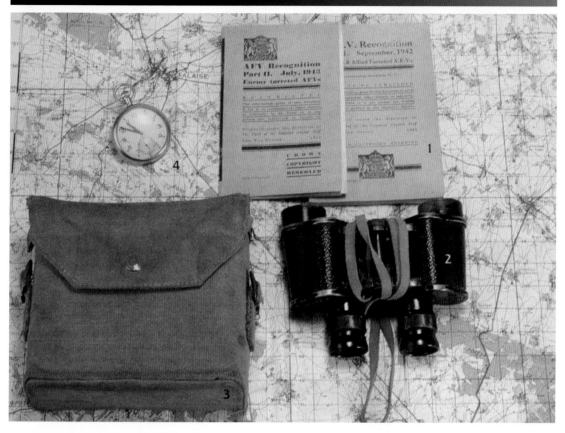

■ 上图中小型装备包括：1. 装甲车辆识别手册；2. No. Mk Ⅱ 型望远镜；3. 望远镜网布包；4. 英国陆军制式怀表。

■ 下图为英军装甲车辆乘员、驾驶员和摩托车手护目镜：1. 烟色镜片护目镜；2. 透明镜片护目镜。

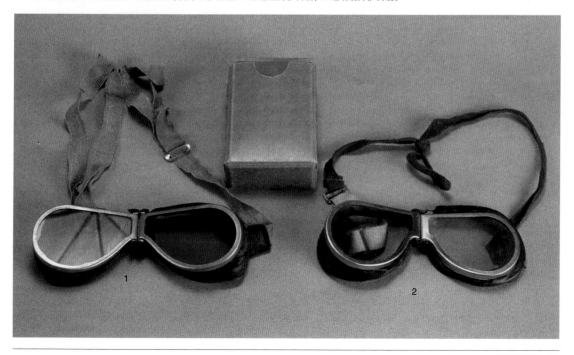

■ 上图为英军 Mark II ×7型望远镜及皮革包装盒。

■ 左图为1944年6月6日，英国第6空降师师长理查德·尼尔森·盖尔少将站在刚刚设立于诺曼底的指挥所门前。此时他在胸前挂着一支主要装备于炮兵部队观察哨的 Mark II ×7型望远镜。

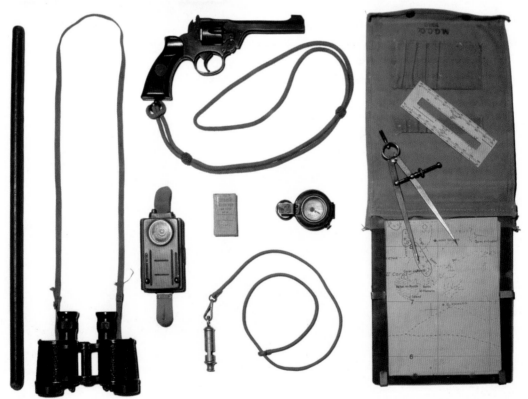

■ 图为一套二战期间英国陆军基层军官的部分装备，包括一支轻便手杖，一支 No.2 Mk III 型望远镜、一支"恩菲尔德"No.2 Mk I 型 .380英寸转轮手枪、一支 No. 4 手电、1包（12发）.380英寸手枪弹、一支 Mk.III 型行军指南针、一支军哨、一个地图包、一把圆规和一把分度规。

无线电装备

英军前线无线电台

电台型号	通联线路	携带方式	最大通讯距离		重量
			声 音	摩尔斯电码	
No.1型电台	旅－师－炮兵部队	车载（通用车辆）	3.2公里	8公里	106.6公斤
No.9型电台	旅－师	车载（含装甲车辆）	40公里	56公里	86.4克
No.12型电台	司令部－师／军－空中支援部队	车载（3吨四驱卡车）	25公里	100公里	300公斤
No.14型电台	营部－坦克	车载（通用车辆）	1.6公里		36.45公斤
No.18型电台	步兵连－营	便携式	8公里	16公里	14.4公斤
No.19A型电台	营－旅	车载（含装甲车辆）	16公里	24公里	45公斤
No.21型电台	旅－炮兵	车载（通用车辆）	8公里	12.8公里	22公斤
No.38型电台	排－连	便携式	1公里		9.9公斤
No.46型电台（防水型）	连－营，联合作战行动	便携式	12公里		10.8公斤
No.48型电台	美国制造，性能参数与英制 No.18W 型电台类似				
No.68型电台	空降部队：旅－师，联合作战行动	便携式	8公里	16公里	14.4公斤
No.76型电台	空降部队，集团军群司令部	吉普车，或分4个部分人力携带		480公里	14.85公斤

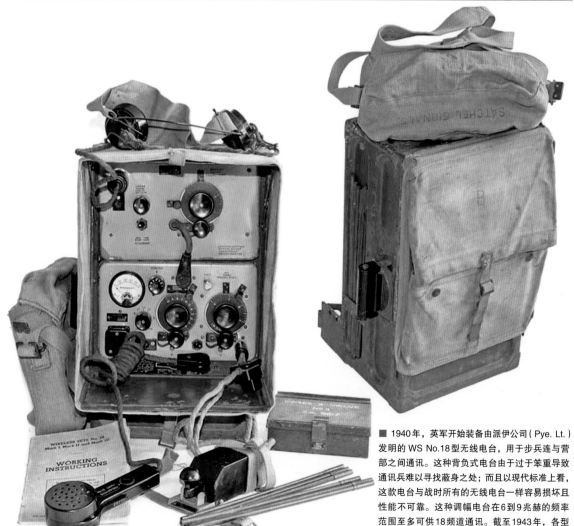

■ 1940年，英军开始装备由派伊公司（Pye. Lt.）发明的 WS No.18型无线电台，用于步兵连与营部之间通讯。这种背负式电台由于过于笨重导致通讯兵难以寻找蔽身之处；而且以现代标准上看，这款电台与战时所有的无线电台一样容易损坏且性能不可靠。这种调幅电台在6到9兆赫的频率范围至多可供18频道通讯。截至1943年，各型 WS No.18型电台的总产量达到了76000部。

■ 上两图为一名英军通讯兵背负 No. 18 型电台在行进中进行通讯联络，显然重达 14.4 公斤的电台会让通讯兵消耗许多体力。

■ 下图为 1944 年 6 月，第 50 步兵师第 151 步兵旅麾下达勒姆轻步兵团的两名通讯兵，在诺曼底前线使用 No.18 型电台。

■ 左图及上图为军迷展示美国为英军生产的 No. 48 Mk I 型电台。这种电台实际是 No.18 型电台的美国生产型，其在性能上也与 No. 18 型基本一致。图中这名军迷扮演的通讯兵属于第50步兵师第151步兵旅的达勒姆轻步兵团（第6、第8和第9营）。

英军代码表

字母代码

A	Able	N	Nan
B	Baker	O	Oboe
C	Charlie	P	Peter
D	Dog	Q	Queen
E	Easy	R	Roger
F	Fox	S	Suger
G	George	T	Tare
H	How	U	Uncle
I	Item	V	Vicktor
J	Jig	W	William
K	King	X	X–Ray
L	Love	Y	York
M	Mike	Z	Zebra

数字代码

0	Zero	5	Fi–yiv
1	Wun	6	Six
2	Too	7	Seven
3	Thuh–ree	8	Ate
4	Fo–wer	9	Niner

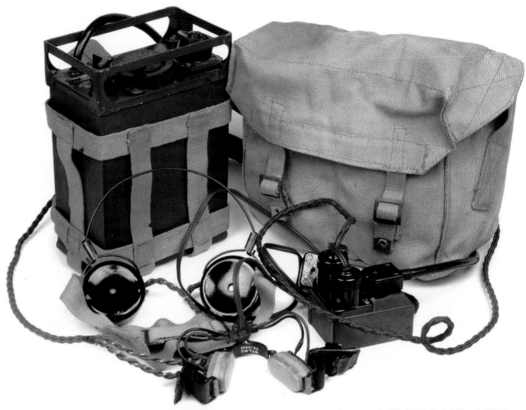

■ 1943年，英军开始装备 No.38 型电台（上图）；该型电台使用最广泛的是 MK II 型。MK I 型在实际使用时配备整体式"作战电池"（battle battery），但是 MK II 和 II* 型的电池则包装在一个独立的网带小包里；天线则包装在一个网布小袋中；No.38 型电台频率范围为6.4到9兆周（MC，1兆周等于1兆赫）。整个二战期间，No.38 型电台的总产量为187000部，远远超过其他型号的产量。No.38 型电台不仅弥补了 WS No.18 型在营连级部队的通讯装备数量上的不足，而且也装备到了其他基层部队，这款经常被英军士兵们称为"步话机"的电台，在1944年至1945年的西北欧战场与 WS No.18 型和68型一起，形成了英军由排至连、营以及师级的通讯链。

■ 下图为1940年2月10日，一名在散兵坑中的英军无线电员。他携带了一台 No.38 型电台，将电台挂在胸前，耳机和喉部通话器则挂在脖子上，身后背着该电台所使用的电池包。

■ 下图为1944年秋天，荷兰某座城市街头上的一名英军 No. 38 型电台操作员。

■ 上图．中 No. 46 型电台的接收机装在网带包中，挂在 1937 型网布装具的一侧；装具上的一个袋子可以存放该电台的九节型天线；电池包背在身后；一个接线盒则将电台与电池、耳机和麦克风连在一起；另外，这款电台还配备了一份备用电池。这款电台的频率范围为 3.4 到 9.1 兆赫，可选择三个频道，用于语音或莫尔斯电码通讯；一些情况下也可以用于地空联络。另外，该电台的另一种便利的创新在于设计了喉头送话器。

■ 下图为 1944 年夏天诺曼底前线某地，一名英军通讯兵侧卧在路旁的排水渠中使用 No 46 型电台与营部联系。

■ 上图为战争期间在英国无线电设备生产商派伊公司内，一名英军士兵在众多女工的围观下调试一台 No.21 型电台。

■ 下图为 1945 年 2 月 3 日，荷兰赫尔登（Heldon）前线，两名英军伞兵通讯兵坚守在战壕内，照片中可以看到这里布置了一台 No.76 型电台（右）和一台 R 19 型无线电接收机（左）。

■ No.19型电台可以为装甲车辆之间提供高频通讯，也可以为坦克乘员之间提供内部通讯。上图为一名英军士兵正在维修一辆"谢尔曼"坦克的No. 19型电台。

■ 下图为一辆英军"谢尔曼"坦克的无线电员正在车内操作No.19型电台。

■ 左图为英军 D Mk V 型野战电话,包装在一个金属盒里,里面还有一套莫尔斯电键。

■ 下图为1943年9月24日,意大利前线某地的一处皇家加拿大第1野战炮兵团B连的前沿炮兵观察哨。除一些观察设备外,这里还部署了一部 Mark V 型野战电话。一名士兵正使用这部电话将观察到的敌军动态即时报告给后方的炮兵阵地。

■ 左图及下图为英军旅及以上级别部队装备的 F Mk II 型野战电话。这种电话包装在木盒中，没有莫尔斯电键。F Mk II 型和 Set Mark V 型野战电话都与 6 线和 10 线的"通用呼叫"交换机（universal call swichboard）相连。

TELEPHONE
SET "F" MK II
YA 2886.

■ 1940 年 5 月底，第 51（高地）师的两名士兵使用一台 F Mk II 型野战电话。注意，他们只是简单地将这台电话的电话线与一根挂在树篱上的电话线直接连在了一起。

信号装备

■ 上图英军信号装备包括：1. 哨子；2. No.2 Mk V 型信号枪与信号弹；3. 军号；4. 1/50000 比例地图。

■ 右图为英军 Mk.II 型短距离摩尔斯码信号灯，使用内置电池供电。

英军号声

1944年6月6日，在进攻诺曼底的梅维尔炮台（Merville battery），英军第9伞兵营用不同的军号代替作战指令。

1. 冲锋号	突袭受挫、开火；
2. 起床号	迫击炮开火；
3. 收操号	停止开火，转移部队除外；
4. 熄灯号	迫击炮停火；
5. 开饭号	全面撤退。

■ 二战期间，英军共饲养了大约250000只信鸽，并且有32只信鸽获得了英国为战争中表现杰出的动物所设立的迪金勋章（Dickin Medal）。上图为几名英军士兵将携带了情报的信筒安装到信鸽腿上，准备放飞。下图为在一次演习中，英军演练在战场放飞信鸽。

■ 上图为英军空降部队携带信鸽专用的鸽筒。两端开了几个小孔，给信鸽通风透气。

■ 左图为一名英军士兵演示信鸽空投方式：将鸽筒挂在一具小型降落伞上，可以将信鸽空投至敌战区，用于特工或与外借切断了联系的部队恢复联络。

■ 下图为两名使用摩托车机动的英军信鸽放飞与回收人员，身后都背着柳条鸽笼。

■ 上图为1944年9月1日获得迪金勋章的信鸽帕迪（Paddy）和古斯塔夫（Gustav）。帕迪为一只服役于皇家空军的爱尔兰信鸽，为诺曼底登陆当天第一只飞越英吉利海峡，回到英国的信鸽（历时4小时50分）。它的迪金勋章在1999年的一次拍卖会上以7000英镑成交。同样服役于皇家空军的信鸽古斯塔夫则是第一只在诺曼底登陆当天送回情报的信鸽。信鸽古斯塔夫战后死于一次意外，一名饲养员在清洗鸽舍时不小心踩死了它。

■ 下图为信鸽乔伊和它的迪金勋章。

■ 迪金勋章由英国兽医慈善组织PDSA（给予伤病动物人类治疗）于1943年设立，用于表彰二战中一些动物。这款铜质勋章正面文字为"表彰英勇"（For Gallantry）和"我们也在服务"（WE AlSO Serve），章体外环装饰了1圈月桂叶环。其表彰对象为：在服役或协助任何武装部队或民间防卫单位期间，做出突出英勇表现或贡献的动物。这款勋章因此也被称为"动物界的维多利亚十字勋章"，而维多利亚十字勋章正是英联邦国家和前大英帝国自治领武装力量的最高军事荣誉勋章。从1943年到1949年，英国共颁发了54枚迪金勋章，获奖对象包括32只鸽子、18只狗、3匹马和1只猫。美军信鸽乔伊（Joe）于1946年6月3日也获得了迪金勋章，表彰其在意大利战役中拯救了意大利小村卡尔维里索尔塔村（Calvi Risorta）村民和英军第169（伦敦）步兵旅某部大量士兵的生命：1943年10月18日，盟军空中支援部队奉命准备空袭位于卡尔维里索尔塔村的德军阵地，但此时该村实际上已经被第169（伦敦）步兵旅占领。英军随即让信鸽乔伊传递情报，乔伊在20分钟时间内飞行了20英里，在轰炸机即将起飞前及时将情报送达，从而挽救了大约1000人的生命。

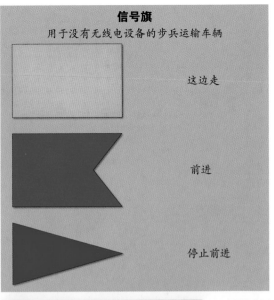

信号旗
用于没有无线电设备的步兵运输车辆

这边走

前进

停止前进

■ 左图为英军士兵用于夜间行动的荧光识别布。上端宽25厘米，下端宽90厘米，高度为40厘米。

■ 上图为英军指挥所或车辆标旗展示：

1. 第59（斯塔福德郡）步兵师师旗；
2. 第43（威塞克斯）步兵师所属第214步兵旅旅部标旗。

英国陆军各级司令部与勤务部队昼间与夜间信号信号识别标志

日间信号（旗帜）		夜间信号（灯光）
	集团军群司令部	
	集团军司令部	
	军司令部	
	师部	
	旅部 行政管理区	
	后方联络线司令部	
	驻军司令部或基地	
	补给连（弹药）	

日间信号（旗帜）		夜间信号（灯光）
	补给站	
	医院 野战急救单位	
	军械站	
	兽医站	
	通讯处	
	邮局	
	出纳室	
	公厕	

用水地点

	饮水点
	牲畜饮水点
	洗浴点

英军主要对空联络板组合战斗信号

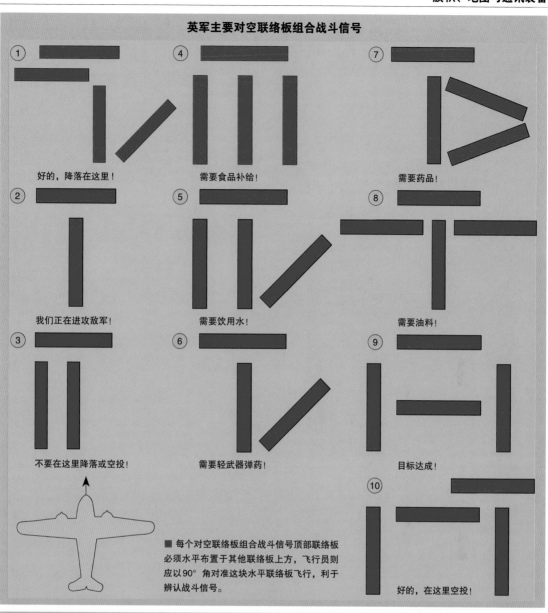

① 好的，降落在这里！

④ 需要食品补给！

⑦ 需要药品！

② 我们正在进攻敌军！

⑤ 需要饮用水！

⑧ 需要油料！

③ 不要在这里降落或空投！

⑥ 需要轻武器弹药！

⑨ 目标达成！

⑩ 好的，在这里空投！

■ 每个对空联络板组合战斗信号顶部联络板必须水平布置于其他联络板上方，飞行员则应以90°角对准这块水平联络板飞行，利于辨认战斗信号。

空降部队识别标志

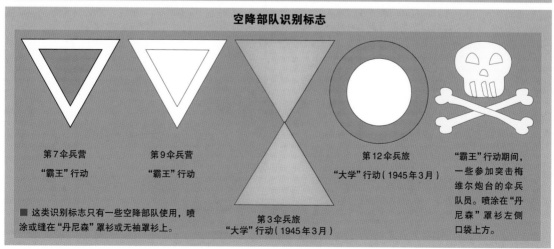

第7伞兵营
"霸王"行动

第9伞兵营
"霸王"行动

第3伞兵旅
"大学"行动（1945年3月）

第12伞兵旅
"大学"行动（1945年3月）

"霸王"行动期间，一些参加突击梅维尔炮台的伞兵队员。喷涂在"丹尼森"罩衫左侧口袋上方。

■ 这类识别标志只有一些空降部队使用，喷涂或缝在"丹尼森"罩衫或无袖罩衫上。

参考文献

[1] John Gaylor. Military Badge collecting. A Leo Cooper Book, Secker & Warburg, London. 1983

[2] Reginald Cox. Military Badges of the British Empire. Ernest Benn Ltd. London. 1982

[3] G. L. D. Alderson. Cap Badges of the British Army 1939–1945. G. L. D. Alderson Pool Lane Brocton. Stafford. 1989

[4] Major Edwards. Regimental Badges. Gale & Polden. 1953

[5] Ray Westlake. Badge Backings & Special Embellishments of the British Army. The Ulster Defence Regiment Benevolent Fund. 1990

[6] Haward Cole. Formation Badges of World War Two. Arms and Armour Press. Surrey. 1973

[7] Brian Davis. British Army Uniforms and Insignia of World War Two. Arms & Armour Press. Surrey. 1983

[8] Mike Chappell. Battledress,1939–1960. Wessex Military Publishing.

[9] Mike Chappell. British Battle Insignia 1939–1945（2）. Osprey Publishing Ldt, Men at Arms Series.

[10] Jack Cassin & Scott and John Fabb. Military Bands and the Uniforms. Brandford Press Ldt.

[11] Norman Litchfield. The Territorial Artillery, 1908–1988.